# 数字化的你

## 虚拟时代的个人品牌塑造

[美] 威廉·阿鲁达（William Arruda）◎著

闻俊杰◎译

中国科学技术出版社

·北 京·

Digital You: Real Personal Branding in the Virtual Age.

Copyright © 2019 ASTD DBA the Association for Talent Development (ATD).

Published by arrangement with the Association for Talent Development, Alexandria, Virginia USA.

北京市版权局著作权合同登记　图字：01-2021-7305。

**图书在版编目（CIP）数据**

数字化的你：虚拟时代的个人品牌塑造 /（美）威廉·阿鲁达著；闻俊杰译 . —北京：中国科学技术出版社，2022.4

书名原文：Digital You: Real Personal Branding in the Virtual Age

ISBN 978-7-5046-9437-9

Ⅰ.①数… Ⅱ.①威… ②闻… Ⅲ.①市场营销 Ⅳ.① F713.50

中国版本图书馆 CIP 数据核字（2022）第 042500 号

| | | | |
|---|---|---|---|
| **策划编辑** | 申永刚　褚福祎 | **责任编辑** | 庞冰心 |
| **封面设计** | 马筱琨 | **版式设计** | 锋尚设计 |
| **责任校对** | 张晓莉 | **责任印制** | 李晓霖 |

| | | |
|---|---|---|
| 出　　版 | 中国科学技术出版社 |
| 发　　行 | 中国科学技术出版社有限公司发行部 |
| 地　　址 | 北京市海淀区中关村南大街 16 号 |
| 邮　　编 | 100081 |
| 发行电话 | 010-62173865 |
| 传　　真 | 010-62173081 |
| 网　　址 | http://www.cspbooks.com.cn |

| | |
|---|---|
| 开　　本 | 880mm×1230mm　1/32 |
| 字　　数 | 147 千字 |
| 印　　张 | 7.5 |
| 版　　次 | 2022 年 4 月第 1 版 |
| 印　　次 | 2022 年 4 月第 1 次印刷 |
| 印　　刷 | 北京盛通印刷股份有限公司 |
| 书　　号 | ISBN 978-7-5046-9437-9/F·987 |
| 定　　价 | 59.00 元 |

# 前言

|||||||||||||||||||||||||||||||||||||||||||||||||||||||||||||||||||||||||||||||||||||||||||||||||||

## 个人品牌已过时

作为一名来自个人品牌领域的先驱者，我给前言取这个标题可能显得十分出格，更不用说让人觉得是在自拆台脚。

但这是事实。

至少，曾经我们认为的个人品牌的概念已不再具有生机，不再具有现实意义，它不过只是一个纪念物。

再见，过去的个人品牌。

当时我们并不知道，模拟个人品牌正是光彩照人的全球化数字品牌机器的原型，并吸引着当下的劳动群体学习其奥秘。

但在我们结束曾经的个人品牌年代前，让我们以超乎寻常的速度先来一次记忆之旅。

个人品牌的概念并非瞬间就引起了巨大的反响。就拿我个人来说，我初入行业的时候，我所在的行业正处于发展初期，个人品牌不温不火地发展了很多年，预计也最多只是昙花一现。当美国商业大师管理学者汤姆·彼得斯（Tom Peters）在1997年创造"个人品牌"这个词的时候，鲜有人知道它的含义，更不用说有兴趣建立个人品牌了。

　　由于彼时的有利环境才初具雏形，人们对于个人品牌的接受过程十分缓慢。汤姆·彼得斯那篇颇具先见之明的文章《品牌呼唤你》(*The Brand Call You*)发表仅8年后，曾经在封面刊登过该文章的美国知名商业杂志*Fast Company*就认定他们犯了一个错误。他们在个人品牌未注入活力前就判了其死刑。这是真的，在2005年，职场人士对自己的长期职业前景并不感到有压力，大多数人仍然在企业的大楼或郊区的办公园区与同事一起工作。彼时，互联网应用还处于初级阶段。而改变了我们沟通方式的产品——苹果手机，直到2007年才首次亮相。根据美国人口普查局的数据，直到2015年，77%的美国家庭才能上网。

　　但全球市场风云突变，再加上全球经济多次表现出严重下滑，具有职业意识的职场人士开始注意到个人品牌作为职业管理战略组成部分的潜力。从那时起，即使高管们不知道个人品牌具体是什么，他们也意识到，个人品牌是职业生涯中一项重要的资产，可以帮助他们实现自己的目标。企业也加入了这一行动。大多数大企业都在他们的人才培养计划中采用了个人品牌计划。仅我所在的企业就负责了《财富》美国100强企业中的20%的个人品牌业务，以及数十个全球品牌、协会和机构的相关工作。

　　具有讽刺意味的是，现在个人品牌已经变成了大格局，有传言称个人品牌革命已经结束。我经常听到这件事——从媒体、职业商业教练到人力资源主管都在谈。诚然，伪品牌[①]已经失去了威望，但数字个人品牌的新时代不仅蓬勃发展，而且数字个人品牌开始变得对成功至关重要。

我会描述反对者混淆个人品牌革命真相的3个原因，以此来澄清事实，我可以向你保证，这场革命正在盛行。

**原因1：信息过载。**我们整天都被各种消息淹没：广告、电子邮件、应用通知、短信、社交媒体信息，等等。喧嚣的生活已经让人难以应付，人们很容易认为打造个人品牌几乎是不可能的。但沉默不是解决问题的办法，恰恰相反，今天的数字个人品牌工具能通过十分巧妙的方式让你脱颖而出，在正确的时间向正确的人展示你有价值的信息。

通过有效地使用，那些造成信息过载的工具也可以帮助你超越喧嚣，获得更多的关注。

**原因2：误解。**很多人把个人品牌错认为是以自我为中心的一代人创造的自我推销、吹嘘或捏造的全新人物形象。

个人品牌这个词已经被一些人不分青红皂白地拿来，与盲目的、无休止的在线聊天以及不切实际地想要引人注目、出名和受欢迎联系在一起。他们将个人品牌与社交媒体画等号，扭曲了个人品牌的真正价值。个人品牌并不是卡戴珊家族的TMZ[②]故事。个人品牌当然不是为了追求吸睛。事实上，

---

① 指的是在亚马逊网站上出现的一些品牌名与产品毫无关系、价格低廉的小众冷门品牌。——译者注
② TMZ是一家美国的八卦媒体。——译者注

个人品牌关注的不是你个人，而是你如何为他人提供价值。

原因3：短浅的目光。具有讽刺意味的是，一些人认为个人品牌已经消亡的原因之一与虚拟员工的崛起有关。企业曾经因为担心员工会偷懒，不愿让员工在家工作，但现在，企业却正在成为远程办公的支持者，鼓励员工远离办公室。在2015年美国咨询公司盖洛普（Gallup）的一项研究中，远程办公的美国员工比例攀升至37%。让员工在家工作这一举动给企业节省的成本实在太大了，因而不容忽视。但随着工作变得愈发虚拟化，员工们往往错误地认为，他们不必再给自己打造品牌了，因为工作质量就是品牌。如果没有咖啡机旁边的闲言碎语，员工工作的质量就会成为焦点，难道不是这样吗？

其实不然。虚拟员工必须更加努力地工作，才能与时俱进，并保持领先地位。他们必须使用新的方法来证明自己的价值。虚拟意味着彼此看不见，而数字个人品牌就是提升价值的解决方案。

自从大型企业的高级管理人员开始运用这个方法，个人品牌就已经呈现出一种全新的发展趋势。如今，大学生们正在利用个人品牌脱颖而出，从而获得实习机会。一些大学在课程中增加了和个人品牌相关的课程。即使是高中生也在不断修改、优化他们的职场社交平台档案，以帮助他们在期望进入的大学里获得一席之地。

在我自己的业务中，我可以看到个人品牌是如何天衣无缝地融入职业管理体系的。2018年，我的企业在个人品牌项目上签约了8个新的企业客户（其中2个企业是排名前10的理想工作企业）。我的企业的个人品牌化认证项目（现在由美国职业规划咨询企业Career Thought Leaders提供）的参与人数创了纪录，我收到的关于个人品牌化这一术语的谷歌通知在过去一年里增加了30%。

# ➤➤ 个人品牌的"改朝换代" ◀◀

我们来关注一下个人品牌在今天的地位，它的发展方向，以及为保持与时俱进，你需要考虑的因素。我们明确一下，当你知道如何发现、表达和打造你的个人品牌时，你的个人品牌会成为你的职业生涯中最有价值的资产。

## 个人品牌重塑：9条关键趋势

有9条商业和职业趋势正在影响你的思考以及从战略上管理品牌的方式。了解这些趋势对于你在工作中提升成功率和幸福感至关重要。

## 1. 下一份工作

如今最年轻的员工一生中更有可能任职15份或更多的工作。

终身任职的年代结束了。

我们在企业里的时间正在减少。根据美国劳工统计局的数据,劳动者平均从事过10种不同的工作。如今最年轻的员工一生中更有可能任职15份或更多的工作。这至少增加了50%的就业机会①。根据美国产品研发企业Nintex的一项研究,53%的员工预计自己在当时所效力的企业的时间不会超过5年。德勤在2018年对千禧一代的调查显示,千禧一代预计在目前的单位工作不会超过2年。与此同时,企业的预期寿命正在缩短。你的"为某人卖命工作"的安全感很可能是虚假的安全感。新的职业口号是"下一份工作去哪里做"。

虽然成功的品牌塑造建立在真实性的基础上,但期望是事业成功的关键。你需要为下一步做好计划(并做好准备)。道恩·格雷厄姆(Dawn Graham)在《跳槽者:聪明的专业人士如何改变职业生涯并抓住成功》(*Switchers: How Smart Professionals Change Careers and Seize Success*)一书中指出,确保你的品牌与你寻求提升影响力的、不断发展的职业网络保持一致,这是非常重要的。同时,她在邮件上告

---

① 工作岗位的人员流动率增大,会让更多的空闲岗位出现。——编者注

诉我："当下的就业市场日新月异，职业变革、融合职位和新兴行业的出现正在成为新的常态，所以每个人都应该了解如何为职业转型重塑品牌，这一点很重要。"专业人士往往拥有丰富的可迁移技能和经验，这使他们既有资格担任空缺职位，也是这些空缺职位的不二人选。但我的座右铭是"匹配第一，优秀其次。"很多时候，求职者没有向他们的目标受众传达自己的个人品牌形象，他们传达的是自己令人印象深刻的成就，但不幸的是，这些成就与申请的职位无关。当你在合适的时间秀出这些成就时，这些成就会给你带来很大的好处，例如，当你距离这份工作只差一步之遥时，你可以展示出相对于其他入围候选人的竞争优势。

更重要的是，退休的定义被完全颠覆了。我们的寿命更长了，这让我们有机会谱写出完整的职业生涯的第2篇章（如果你认为你在自己的"官方"职业生涯中会担任15个不同的职位，那此处就是"第16篇章"）。退休的想法几乎不复存在。要想驾驭这一重要的职业里程碑，即退休的定义的变化，你需要做好准备——要为你的职业规划培养一个考虑得更长远的思维方式。

## 2．弹性企业精神

毫无疑问，我们正在见证一种新的趋势，专业人士想要在自己的工作时间、地点和方式上有更多的自主权，他们正试图通过远程办公实现这一点。

——美国知名招聘网站FlexJobs的资深职业专家

布里·雷诺兹（Brie Reyrolds）

内部创业和外部创业不再存在严格的差别。在为你的企业和为别的企业工作之间，员工的流动性越来越大。为了支持这一工作模式，目前无数的在线社区正在不断建设中。例如，拥有上百万会员的全球线上招聘平台Remote将远程办公的人与企业家和个体创业者聚集在同一个平台。

此外，企业在招聘人才时也在寻求具有企业家心态的人才。电子邮件应用程序hiBox的内容主管索菲娅·埃利斯（Sophia Ellis）在她的幻灯片分享"让你的团队像企业家一样思考的5种方法"中写道，"团队成员最具企业家精神的企业将超越所有其他企业，无论这家企业的规模与起点如何，哪怕企业只是刚刚做到这一点。企业家精神应该是任何规模的企业招聘新员工的重要条件和人才培养的重点，只有做到这点，企业才能确保在新的商业格局中取得成功。"

## 3. 数字化第一

11%的千禧时代人会每天用谷歌搜索自己。

——美国银行（Bank of America）

你可能不需要每天用搜索引擎搜索自己，但你确实需要知道外面的世界，并主动管理你在互联网上的形象。不管你喜欢与否，搜索引擎搜索到的关于你的结果很快就会成为你给他人的第一印象。当人们想了解你时，他们会打开浏览器，输入你的名字，看看会出现什么。我将其称为"他冲浪"或"她冲浪"，这是一种持续存在的现象。数字媒体专家米奇·乔尔（Mitch Joel）在他令人大开眼界的书《重启》（ *Ctrl Alt Delete: Reboot Your Business. Reboot Your Life. Your Future Deperds on It.* ）中谈到了数字优先的状态。他承认，当我们想要了解某事或某人时，互联网往往是我们的第一个去处。当涉及职业成功时，这一现象的影响是巨大的。80%的招聘者承认，在聘用员工之前，他们曾在谷歌上搜索过这些员工的信息。

我们生活在一种关系经济中，影响他人是至关重要的。如果你给他人的第一印象是贫乏的或不真实的，你就是在浪费机会，会被别人甩在后面。我们将在第四章更多地讨论虚拟品牌、你的职业成功和3个认知偏差之间的联系。

## 4. 品牌美化

每周发布在领英上的文章超过10万篇，每天上传到YouTube上的视频的总时长达57.6万小时。

这是一个喧嚣的世界。要在这个世界上收获倾听，需要始终如一地明确思路和拥有专注力。如果你的信息不能做到明确、一致、持续（指clear、consistent、constant，即个人品牌的3C，我们将在本书后面的内容中讨论），你就会迷失在喧嚣之中。品牌美化就是通过修剪那些让你分心或迷失方向的无关的东西，让你的形象显得质朴而有力。

你需要围绕某一点去建立你的品牌，不要有太多的重点，那样太复杂了，会导致人们无法理解，反而就变成了刺耳的噪声。但是当你一直在唱同一个音符的时候（有一个重点），你就会被认出并被记住。就像沃尔沃以安全著称，苹果是创新的代名词一样，你必须把你的个人品牌提炼成你想让人们听到的有价值的东西，然后经常重复，就像唱副歌一样一遍又一遍地"唱"。在这个充满各种刺激、全天候不间断交流的世界里，人们根本没有时间也没有意愿去试图了解你。除非你在一家初创企业工作，或者你想要独角戏一样的人生，否则成为一个全能的人会对你不利。你的信条应该是保持专注。

## 5．跑步机式学习

我们接受这样一个事实，即学习是一个终生跟上变化步伐的过程。最紧迫的任务是教人们如何学习。

——彼得·德鲁克

你无法在运行的跑步机上站着不动。如果你不继续前进，你就会后退，被落在后面。在新的工作环境中学习也是如此。如果你不每天积极学习，你很快就会落伍，也许还会落下寡言少语、不愿改变的坏名声。此外，你的企业不再负责告诉你应该学习什么或如何在职业上有所成长。但与彼得·德鲁克时代的人们相比，我们已经学到了很多学习方法。你可以十分轻松地使用适合你的预算、学习方式和日程表来开拓你的视野。

学习的大部分责任和机会都转移到了你身上。这真是个好消息！凯莉·帕尔默（Kelly Palmer）在她的著作《专业经济：最聪明的公司如何利用学习来参与、竞争和成功》（*The Expertise Economy: How the Smartest Companies Use Learning to Engage, Compete and Succeed*）中表示，"企业教育的一刀切心态已经不再适用。学习需要根据每个人的技能和知识差距、个人和专业目标以及特定的兴趣进行定制。这就让你背负了决定要学什么以及如何获得你的学习成果的责任"。帕尔默还补充说："个性化学习的主要目标之一是最终有机结合系统中所能提供的最好的东西。它不是一个非此即彼的命题，而是旨在将学习者动机和在线学习等技术的优点统一起来，并由教师和同行业的专业知识提供支持。"

考虑到这一点，我写了这本书，为你的每一个人生转折点都提供个性化的学习机会（是的，读这本书算得上是你学习上的一次巨大进步）。

## 6. 数字宣传

员工的平均社交联系是品牌的10倍，通过员工分享的品牌信息比通过官方品牌社交渠道分享的品牌信息多561%。与官方渠道相比，员工分享品牌信息后被重新分享的频率提高了24倍。

我们正在见证商业史上最大的矛盾之一产生。一方面，在同一家企业工作30年，终身履职的年代已经一去不复返了，即使你是在"为某个人工作"，你也应该更多地作为一个自由职业者工作。另一方面，企业忠诚度受到高度重视。这怎么可能实现呢？答案是，企业忠诚度已经有了新的定义。

在过去，你的职业成功与你的职位、职能和部门有关。今天，成功需要你成为企业的品牌大使和传声筒，即使你不会在企业待几年。企业通信曾经是独奏，首席执行官通常通过公关部门决定要传达什么、观众是谁，以及将使用哪种媒体。今天，企业通信是合奏，而在这一点上，没有比在线通信更重要的了。

企业需要各种各样的信息，因为利益相关者渴望透明度。集体声音有助于支持企业使命，而你的声音必须是其中的一部分。这不仅有利于企业，也有利于你和你的自由职业心态。当你致力于与企业制作的社交内容互动时，你就会跳出普通的层级，了解企业的其他领域正在发生的事情，并通过你自己的在线社区扩大你的知名度。美国品牌咨询策略和培训企业Blue Focus Marketing总裁、《社交员工：卓越企业如何利用社交媒体》(*The Social Employee: How Great Companies Make Social Media Work*)一书的合著者马克·伯吉斯（Mark Burgess）是这样说的："我们生活在一个假新闻的时代，信任的缺失延伸到我们的机构中、政客心中和品牌中。在这种新的氛围下，那些被视为自私自利、以牺牲人和（或）环境为代价、专注于利润的品牌很可能会失败。新的竞争优势是信任，而敬业、有能力的社交员工是驱动目标导向的品牌的燃料。"

## 7. 距离品牌营销

70%的千禧一代因为缺乏灵活的工作选择，已经辞职或考虑辞去一份工作，而只有大约一半的年长员工反馈了同样的情况。2020年，近一半的劳动力由千禧一代组成。

距离不再是问题。越来越多的人在全天候或者部分时候远程办公。"随时随地办公"成为新的职业口号。企业正在利用通信工具，让员工能进行参与和互动。一些企业会追踪办公室刷卡次数，如果每个月办公室到访次数达不到最低标准，员工就没有权利再进入办公室。企业知道，员工在家办公可以节省企业昂贵的地租成本，企业也理解员工在工作上要求灵活性。

虽然这种新的"随时随地办公"模式使企业在财务上更具

竞争力，对最新一代的员工更具吸引力，但它也带来了新的挑战：员工感觉与正在发生的事情缺乏联系。一项2018年的报告发现，在依赖使用电子邮件与同事沟通的受聘者中，超过40%的人表示，他们时常或总是感到孤独，没有参与感，非常需要社交。研究还发现，全球三分之一的员工时常或总是远程工作，其中三分之二的人没有参与感。

只有5%的远程员工时常或总是在企业的整个职业生涯中都远程工作，相比之下，28%的远程员工从不远程工作。

这对你意味着什么？个人品牌推广的门槛可能很高。你需要变得更加深思熟虑，更加专注于品牌推广，这将需要你更加努力地与同事熟络，获得认可并加强联系。如果你不与决策者建立联系并影响他，你就不可能实现目标。这样的需求只会变得更加紧迫。远程工作已成定局，而且还将进一步发展。Remote的联合创始人兼首席执行官尼克·马尔卡里奥（Nick Marcario）表示，"随着劳动力的流动，工作正在发生变革，这不是什么秘密。有大量的研究和统计数据表明这种显著的变革，以及这种变革将在未来如何快速发展"。

## 8. 数字技能

75%的财务部首席执行官担心他们自己的员工队伍缺乏数字技能。

——普华永道第21届首席执行官调查：人才

跨行业、跨职能、跨层次所需的一项技能就是数字技能。企业知道，为了保持竞争优势，他们需要一支数字化的劳动力队伍，因为创新来自技术以及知道如何让高科技为客户带来很大影响的员工。

全球最大的专业服务公司之一普华永道拥有超过25万名员工和合作伙伴，它甚至设立了一个新的高管职位——首席数字官，以确保所有员工都拥有数字技能，能实现内部创新，并给外部客户留下深刻印象。

他们聘请了资深合伙人乔·阿特金森（Joe Atkinson）作为该计划的领导人。他告诉我："我的角色是'建设性的颠覆者'。我的使命是增强整个组织的数字化适应力，并提供必要的知识和技术，使整个组织适应推动数字创新的语言和概念。"

这意味着，无论你是在如市场营销、会计等的经管领域还是在法律领域工作，你都需要增强你的数字能力，知道哪些技术发展——不管是人工智能还是数据分析和新的社交媒体平台——可以成为你团队的宝贵资产。

## 9．为自己出镜

从2017年到2022年，全球互联网视频流量将增长4倍，复合年增长率为33%。

——思科

我曾经说过，视频是个人品牌的未来。好了，未来已经到来了。通过视频，人们可以进行更完整的交流，并与想要影响的人建立更深入、更深厚的情感联系。我认为，视频正在成为一种重要的通信工具，并最终将取代电子邮件和短信，成为一种更强大、更有价值的媒体。

根据《搜索引擎杂志》（*Search Engine Journal*）于2018年公布的数据，YouTube已经是仅次于谷歌的第二大搜索引擎。根据心理学家艾伯特·梅拉比安（Albert Mehrabian）所做的实验，语言只占一个交际者是否讨人喜欢影响因素的7%，其余的由音色、语调和肢体语言决定。现在你知道为什么视频是个人品牌推广的强大工具了吧。到目前为止，我们讨论的几乎所有趋势都为视频取代我们的主要通信工具创造了机会。视频技能在重要程度上即使不能胜过写作或公开演讲，但也可以等同。也许，视频会议将取代电话会议，视频会议将成为新的电子邮件。熟悉视频这一媒介的专业人士将继续保持相关性和说服力。那些坚持使用老技术的人将被时代发展甩在后面。

## 活在连字符之间①的人

你现在可能会觉得有点气馁。如何才能成为远程可见、

---

① 暗指英文单词"multi-hyphenate"，这个单词指从事不同工作的人（尤指在娱乐行业中的这样的人）。——编者注

高科技、高触觉、远程深入参与、精通视频制作和内容生成、独立但忠诚的个人品牌大使？关键在于你。无论数字化与否，成功的品牌推广总是植根于真实性，而有效的信息传递则植根于简单性。即使你从来没有考虑过你有一个品牌，你目前的职场社交平台档案几乎是空白的，或者你依赖组织来管理你的职业生涯，我也会与你分享你需要知道的一切，帮助你利用这种新的数字品牌现象。我的方法将帮助你在这些连字符之间找到真正的自我，挖掘那些帮助你茁壮成长的特质，然后用高效、有效的方法展示它们。在数字时代，怎样才能挖掘个人品牌的力量？这无异于一次彻底的心态重置。

# 关于本书

在《数字化的你：虚拟时代的个人品牌塑造》一书中，我将教你如何掌握新的规则和工具，在一个不断更新换代的世界中保持相关性、可见性和价值。现在，请你停止对职业生涯消亡的担心，开始打造一个与众不同的个人品牌。无论你是谁，或在你的职业生涯中处于什么阶段，这一点都是正确的。不管你是职场新手、处于职业生涯中期还是经验丰富的人，无论你是处在职业生涯初期中的转折期，是希望拓展业务的顾问，还是试图打入商业领域的企业家，或者兼而有之，这本书都适合你。

几年前，我感到毫无牵绊（正确的理解是孤独），但我想要和一个群体建立联系——我的群体。这就是作为一名公共演说家和创建了一个完全虚拟的组织的企业家的我所面临的挑战。因为我的大部分工作都是演讲，所以我决定去费城参加一年一度的全国演讲者协会（National Speakers Association）活动（从纽约市乘火车只需很短的路程就能到），与其他演讲者面对面交流。我的期望值很高，我以为我会很好地融入一个志同道合的专业演讲者群体，但实际上恰恰相反。我发现演讲者们的演讲令人印象深刻、引人入胜、鼓舞人心，但对于我来说，我的演讲却缺乏真实性、实用性和具体行动。

我意识到，作为一名演讲者，我的个人品牌差异化在于我不会试图遵守"公开演讲的标准规则"。我不会排练我的演讲1000遍，直到自己记住每个动作、手势和语调。我不是演员。我从来没有以同样的方式发表过两次相同的主题演讲。公开演讲中的启人心智对我来说只是演讲的一部分。另一个部分，也是我最喜欢的部分，是行动。我不想只是给人们驱动力，然后随着时间的推移他们又慢慢丧失动力。我想驱使他们让自己的驱动力燃烧，并采取行动，这样他们就可以把驱动力转化为方向，然后把方向转化为未来的成功。

我在担任作者时也采取了同样的做法。我不想让你仅仅学到一些关于数字品牌的有趣的东西。我并没有打算写一本关于数字品牌理论的书。我希望你应用你学到的东西，采取行动，推动你的事业发展，同时增加工作中的乐趣。

这本书的逻辑就是在阅读完的基础上马上采取行动。它遵循一个合乎逻辑的顺序，帮助你像爬楼梯一样，一步一步地登上职业生涯的顶峰。即使你觉得自己对自己的个人品牌有了很好的了解，也不要跳过第一部分。第一部分会帮助你在进入数字品牌之前明确和完善你的想法，让你的社交品牌行动变得更加有力。我把这本书分成了4个部分，这本书是我希望你们经历的个人数字之旅，我会在每一部分都陪伴你。

在第一部分"真实的你"中，我介绍了个人品牌，并告诉你去探索那些适合发掘的特性。第一章中，在我的帮助下，你将学会如何定义自己，定位你的品牌。在第二章中，你将更好地理解别人对你的看法，以及它很重要的原因。这样一来，你就可以明确自己想要讲述怎样的个人品牌故事了（第三章）。

在第二部分"虚拟的你"中，我会告诉你如何去思考自己的数字个人形象。在第四章中，我将教你如何让数字优先现象为你服务。在第五章中，我将分享如何向"数字观众"演绎真实的你。在第六章中，我将以领英为例，展示如何优化你创造的数字个人品牌。

在第三部分"生动的你"中，我将向你展示如何构建和发展你的个人品牌，使其成为多媒体领域的佼佼者。在第七章，你将看到图像（无论是静态的还是动态的）传递数字信息的力量。然后，你将在第八章学习如何建立你的个人品牌识别系统。在第九章，我将分享我最喜欢的视频技巧，帮助你参与并与他人建立联系，并解释为什么我如此热爱视频以及你也应该如此的原因。

在第四部分"社会的你"中，我要求你思考通过数字个人品牌发展、你的人脉网络和思想领导力可以让你达到的高度。在第十章中，我将帮助你评估你目前的人脉，包括线上的和线下的，建立你的人脉网络、培养关系。

在第十一章中，你将学习如何创建、策划和更新与你的专业知识相关的内容，表达你的思想领导力并提升他人。最后，在第十二章中，我将向你展示如何真正将自己的角色扩展到更广泛的社区，成为一名数字倡导者。

为了履行我作为首席激励官和品牌顾问的职责，我在这本书中设置了很多的练习模块，便于你吸收并应用书中的内容。这些练习模块包括：

### 心态重置

这些都是你为了保持相关性，并从数字品牌革命所带来的所有好处中受益所必须做出的重要思想转变。

### 重点思考

这些都是引人深思的问题，可以帮助你认识自己，分清主次。不要草率地回答这些问题，特别是那些答案没有迅速浮现在脑海中的问题，一定要好好思考后再回答。

### 小贴士

这些都是让你可以立即采取行动的简单措施（通常不常见），我称之为"超级特别的秘密小贴士"。它们不需要你付出很多精力就会对你的个人品牌有很大的影响。

### 可以与不可以

这些建议将给你最有效的指引，帮助你绕开陷阱，避免浪费时间，即绕开那些实际上可能会削弱你的个人品牌的品牌价值的老套建议。

### 远程指导

这些建议是专门针对那些部分或所有时间都在远程工作的人的，它们可以帮助你克服距离带来的困难，管理自己的个人品牌，距离品牌化是真实存在的，无论是现在还是将来都会影响到每一位职业人士。

### 趣味信息

这些都是有趣且经常令人惊讶的统计数据，有助于强化一些关键的信息。

### 布兰迪（Brandi）头脑风暴

为了向你展示品牌塑造的过程，我将在整本书中分享一位虚构人物，布兰迪的一些品牌塑造元素。布兰迪是我创造的非常成功的个人品牌，她不是实验室产物，而是书中的虚拟形象。她的性格融合了与我共事过的两个同样有成就的客户。

那么，现在就跟着我去探索每一个章节，并付出行动。正如我的合伙人欧拉·什图尔（Ora Shtull）和我经常会说的："祝你读得开心！"

# 目录

|ıııı|ıııı|ıııı|ıııı|ıııı|ıııı|ıııı|ıııı|ıııı|ıııı|ıııı|ıııı|ıııı|ıııı|ıııı|ıııı|ıııı|ıııı|ıııı|ıııı|

# 第一部分
# 真实的你

> 当我们在工作中感到快乐，做回自己的
> 时候，我们的生产力和创造力能达到顶峰。
> ——理查德·布兰森（Richard Branson，
> 英国著名企业家，维珍集团创始人）

# 第一章
# 发掘你的个人品牌

## 你是谁

真实先于虚拟。

我在数字品牌中看到的最严重的错误之一就是中途起家。为什么我经常遇到这个错误？因为很多专业人士都是在数字工具面世后才开始打造自己的个人品牌的。他们在没有明确信息的情况下就开始打造知名度，这样的做法并没有针对性，反而荒废了他们的努力，削弱了品牌价值。

只有提炼出属于你的特质，你才能开始在数字世界中表达和推广你的品牌。也就是说，你需要确切地了解你的品牌是什么。

但在此之前，让我们先来看看基础概念，并定义一下什么是个人品牌。

我的个人品牌业务刚开始时，鲜有人听说过"个人品牌"这个概念，更不用说有兴趣打造个人品牌了。今天，搜索引擎的搜索结果页显示了人们对个人品牌的火热讨论，几乎每个有职业意识的职场人士都知道它的重要性。虽然意识到位，但误解依然存在。所以，让我在这里定义一下个人品牌。

**个人品牌是指向助你成长的群体展示并传达你独特、有价值的特质，从而实现个人高质量发展的一种习惯。**

### 🧠 心态重置

个人品牌不仅有助于你找到新工作，而且这个新工作会是一个能让你开心和得到欣赏的工作，因为你和企业都将为彼此贡献价值。

个人品牌的作用远不止体现在求职上，它是获得提拔、推动业务成功以及提升个人成就感的重要因素。拥有一个强大的个人品牌能让你事半功倍。大多数企业都意识到这一点，并且也设定了专门的计划，帮助员工打造个人品牌，从而提升他们的参与度、绩效和个人满意度。

## 成功打造个人品牌的6条法则

（1）每个人都有潜力打造强大且令人仰慕的个人品牌。

（2）你的个人品牌需要以真实为担保——反映真实的你。

（3）虽然你的品牌以真实为基础，但需要将着眼点放在未来。

（4）他人的想法很重要。要让你的个人品牌深植于你周围人的心中。

（5）个人品牌意味着奉献价值，而不是索取。它不意味着以自我为中心。

（6）个人品牌不是一成不变的。随着你的改变，工作环境也在改变。周围的一切都在不断变化。你的个人品牌必须不断发展，才能保持相关性。

## 建立一个强大个人品牌的3个阶段

既然我们已经了解了什么是品牌化，我想向你介绍一个模型，它展示了当你建立一个强大的、差异化的和有吸引力的个人品牌时会发生什么。通过与世界各地的数千名专业人士合作后，我建立了这个模型，并意识到成功的个人品牌是一个连续体（图1-1）。

**图1-1 品牌连续体：品牌成功的3个级别**

### 无差别

这种级别的品牌化实际上几乎算不上是品牌化。这意味着你所提供的一切——你符合所有的资格要求，但你没有提供任何独一无二或令人难忘的东西。你没有给决策者任何支持你的理由。你与周围的人的关系只是业务关系，并没有建立任何人际关系，这让你更容易被取代。你不得不积极地追求每一个你找到的机会——几乎没有外部支持，而你自己却付出了大量的努力。

## 独特

我遇到的许多成功的专业人士都属于这一级别。除了满足人们对你的所有要求外，你还提供了一些超越基本条件的有价值的东西。也许你提供了超出决策者所需的价值，也许是你做事情的方式很有趣。你能轻易说服决策者。你的名字浮现在他们的脑海中，因为你令人难忘。这让你有机会与重要的人建立人际关系。当你变得独特时，你会从同龄人中脱颖而出，并开始建立一个忠实的粉丝群体。

## 受欢迎

进入品牌推广的受欢迎阶段时，你就已经到达了更高的水平。除了提供一些超出预期的东西外，你所提供的东西显然打上了你的烙印。你的知名度也开始提升，并与重要的人建立人际关系。你让粉丝变成了推广者，他们反过来帮助传播你的品牌信息。这意味着你的品牌有了自己的生命力，也就减少了你在追求潜在客户时必须投入的精力。你不需要主动地积极寻求机会，机会也会随时降临。当人们知道你是谁，但你不知道他们是怎么认识你的时候，这就是你已经达到高水平的一个明显标志。

## 个人品牌的基石：真实

做你自己，因为别人都有人做了。

——奥斯卡·王尔德（Oscar Wilde，英国作家）

要在这个品牌连续体中提升水平，一部分显然取决于你每天所做的事情（也就是你在每一次互动中创造的体验和提供的价值）以及你做事的方式。但同样重要的是你如何讲述你的故事，以及告诉世界，你是谁，他们为什么要关心你。我会在第三章教会你如何讲述自己的故事。

现在，你已经可以描述建立一个强大个人品牌的3个阶段了，让我们开始挖掘真正的你。

在了解真实世界中的你是谁之后，你才可以开始创建个人在线资料。在创建在线内容之前，我将确保准备好虚拟品牌之旅所需的一切。我将与你分享个人品牌的基本知识，即你需要知道的一些关键点。只有这样你才能脱颖而出，为你的职业生涯发展注入动力。

"真诚、真实。"这一句话巧妙地概括了个人品牌最重要的信条之一。所有强大的品牌都是建立在真实的基础上的。迪士尼在他们的电影、主题公园和产品中注入家庭娱乐元素——给他们所做的一切带来"魔力"。卓越的企业家理查德·布兰森运用他对冒险和冒险价值的热情，打造了标志性的维珍品牌。所有的强势品牌都是以真实性为基础的。

如果你和大多数人一样，那么当想到个人品牌时，你会想到一些很酷的事情——在互联网上建立你的品牌、写文章、发表演讲、扩大你的人脉、与碧昂丝的推特粉丝抗衡……但是，如果你不清楚是什么让你脱颖而出，所有在沟通上付出的努力就付诸东流了。只有了解自己才能成长，这意味着要反省。强大的个人品牌清楚自己的价值观和热情所在，他们记录了自己的目标，充分意识到自己的超级影响力——他们的标志性优势。

如果你的个人品牌没有真实作为基础，它最终将崩溃瓦解。而你也会筋疲力尽。安妮·莫罗·林德伯格（Anne Morrow Lindbergh，首位获得滑翔机飞行员执照的美国女性）告诫我们："你能做的最令人精疲力尽的事情就是不真实。"那是因为装成他人是一件非常困难的事，遮掩十分费力。只要问问百老汇的明星就知道了，他们一周要饰演同一个角色数次。如果你在掩饰真实的你，试图变成不是你的样子，你不仅会心力交瘁，最终也会被人发现。

# 女孩你知道这并无虚假（*Girl You Know It's True*[①]）

还记得20世纪80年代的流行音乐组合米力瓦利合唱团吗？也许你不记得了！他们发行了首张专辑后，赢得了格莱美奖最佳新人这一奖项。当我们得知他们在假唱，而且不会唱歌后，他们的格莱美奖就被吊销了，从那以后我们就再也没有听到他们的消息了。

品牌是建立在真实性的基础上的，你不仅需要了解你是谁，还需要了解是什么让你对于利益相关者（做出关于你的决策的人）具有吸引力。在你思考你的独特之处时，考虑一下以下这些问题。

### 🗨 重点思考

你的独特之处是什么？

（1）你最看重的价值观是什么？是你的行事原则还是你的底线？

（2）你的超级影响力在哪里？即你做得最好的是什么？

（3）你的能量和激情来源是什么？你真正的热情是什么？

（4）你为什么要做你所做的事？你的动机是什么？

---

[①] 流行音乐组合米力瓦利合唱团（Milli Vanilli）的首张专辑。该组合由2名不会唱歌的男模特组成，被唱片公司安排对口型唱歌，后因假唱被发现而身败名裂。
　　——译者注

所有这些问题，你心里都有答案吗？哪些问题最难回答？多关注一下那些让你停下来思考的问题，那些你的答案含糊不清的问题。解决这些问题的过程往往会让你学到更多。如果这些问题中有一个把你难倒了，花点时间去回答，不仅要找到一个诚实的答案，还要明白你为什么在回答时如此挣扎。

个人品牌就是要做自己，做你最好的自己，不需要借口，不需要歉意，不需要恐惧。

## ☆ 小贴士

提醒自己要做你自己。

真实性很重要，但有时人们很难始终如一地做到这一点。我整理了一些关于做你自己的精彩语录。

以下是我最喜欢的一些：

（1）生来独一无二，何必甘做他人。

——约翰·L. 梅森（John L. Mason，美国作家）

（2）一个人愿意做自己，这就是最大的幸福。

——德西德里乌斯·伊拉斯谟（Desiderius Erasmus，荷兰史学家、作家）

（3）活出你的真实，表达你的爱，分享你的热情，朝着你的梦想行动起来。言行一致，为你的音乐起舞歌唱。让今天值得铭记。

——史蒂夫·马拉博利（Steve Maraboli，美国演说家）

（4）这个世界随时都想把你变成其他模样，坚持做自己就是最伟大的成就。

————爱默生

（5）我们每个人只有一种方式可以度过此生，那就是做我们自己。

————欧里庇得斯（Euripides，希腊剧作家）

（6）太多人过于看重他们不是什么样的人，却对他们是什么样的人认识不足。

————马尔科姆·福布斯（Malcolm Forbes，美国出版人）

（7）生命是不是过于短暂，因此我们才不应该压抑自己？

————尼采

选择一句能引起你的共鸣的话，把它贴在你能看到的地方，提醒你做你自己——最好的自己。

## 个人品牌就要脱颖而出

这么说，你有点怪异？那请再接再厉！有点不同？那请拥有这不同！与其随波逐流，还不如当书呆子！

————曼迪·黑尔（Mandy Hale，纽约时报畅销书作家）

在个人品牌方面，最重要的区别之一就是品牌和商品之间的区别。品牌是独一无二、令人向往、令人信服的。它在情感上与人们建立联系，并建立人们的忠诚度。商品是可以替换的。如果你提供的东西与其他与你同岗位的人一样，那么你就是商品，而不是品牌。如果你将自己和职务名称画等号，你就在让自己成为一种商品——任何与你有相同职务名称的人都可以取代你。

当我住在伦敦期间为国际商业机器企业（即IBM公司）的欧洲、中东、非洲分部管理莲花（Lotus）品牌时，我遇到了一家令人惊叹不已的干洗店。这家店之所以令人称赞，是因为他们的店员察觉到了男性职业装的一种趋势——不系领带。他们意识到，许多男士穿着衬衫，最上面的两颗纽扣是开着的。这种更休闲的新款式面临的挑战是，衬衫领子在男士们用午餐时，不可避免地会下垂，一天结束时会让你看起来衣冠不整。这家干洗店给出的解决办法是，对衬衫领子进行三重上浆，使衬衫质地变硬，这样衬衫领子就能看起来整齐一整天。我会走过无数家干洗店，特意走到这一家，我会为我的特制上浆衬衫支付双倍于其他干洗店价格的钱，因为他们提供了其他干洗店都不能提供的东西—— 一些超出预期的东西。

同样地，提供独特的体验也是你在打造个人品牌时需要努力争取的。你希望人们不辞辛苦地与你一起工作，并为你提供的独特价值支付你应得的报酬。

✔ **可以与不可以**
✘

可以继续你的个性。了解是什么让你脱颖而出并融入你所做的一切中的。

不要把自己与职务名称画等号。如果你这么做了，你就是一个商品，而不是品牌。

如果你用你的职务名称来介绍你自己，你注定会变得平庸。你将永远需要争取才能引起人们的注意。品牌塑造关乎差异化的自由（和使命）。

几年前，我在罗马尼亚的布加勒斯特（Bucharest）发表了一次个人品牌主题演讲。这是一场很棒的演讲，观众们对个人品牌和个人品牌推广的热情让我印象深刻。我演讲后的讨论环节超出了原有的时间计划。

一位令人难忘的与会者分享了这一点："我们之所以对品牌如此兴奋，是因为品牌给了我们选择。在柏林墙倒塌之前，我们没有肥皂品牌，我们只有肥皂。今天，我们可以选择哪种肥皂适合我们。品牌化代表了言论自由，它给予了我们自主选择的权利。"

## 他人的选择影响个人成功

他人的选择会影响你实现目标的能力。人力资源经理会选择你而不是其他符合标准的候选人，客户会选择你为某个项目提供咨询服务，企业中另一部门的主管会选择你在他的部门担任领导职务。正是因为你的名声，一些员工会选择在你的团队中申请一份工作。在大多数情况下，决策者都有选择的余地。你可以让决策者选择你。然而我们中的许多人却花了很多时间试图融入其中，我们没有利用机会让自己变得与众不同。个人品牌成功的关键是脱颖而出。

## 是什么让你脱颖而出

面对现实吧，还有很多其他相同资历的人也在做我们做的事情。只有在极少数情况下，某个人才会被归入一个特定职业类别（我脑海中浮现的是英国女王）。决策制定者必须从提供差不多类型的服务的众人中进行挑选。当我们专注于自己与同事的共同点时，我们就会变得可替代。当我们专注于差异时，我们会让人们产生期待。但有效的个人品牌塑造需要真实的差异化。你不能因为为了让你看起来像是受到关注或引起媒体关注而制造华而不实的差异。相反，你必须依靠自己真实的独特之处脱颖而出。

### 💬 重点思考

你的独特之处在哪里？

- 人们经常称赞你的哪一点？
- 你的经理、同事、朋友和客户来找你是为了什么？
- 人们总是用什么形容词来形容你——假如他们向别人介绍你？
- 是什么让你获得结果的方式变得有趣或独特？
- 你最不寻常或最"古怪"的地方是什么？

一旦你明白是什么让你与同龄人不同，并且这些不同之处对于那些为你做决定的人来说是相关的和有吸引力的，你需要思考如何才能把这种独特性更多地融入你每天做的每件事。

不要认为你的个人品牌差异化是需要学习的，或者与你做的事情直接相关。有时候这只是你本身的一部分。在哈桑·明哈杰（Hasan Minhaj）的网飞（Netflix）节目《爱国者有话说》（*Patriot Act*）中，他是一个局外人和局内人——印度裔和美国人。在美国喜剧演员的世界里，这就是差异化。建筑师达姆·扎哈·哈迪德（Dame Zaha Hadid）以其华丽的弧形建筑而闻名，她是最著名的女建筑师之一。她的设计风格和性别帮助她脱颖而出。

"保持你的个性。"这是我的上一本书《摆脱，勇敢，行动：个人品牌管理的3D》（*Ditch, Dare, Do: 3D Personal Branding for Executives*）的合著者黛布·迪布（Deb Dib）的一句话。她提醒我们要流露出我们的差异化，永远如此。

当你能够胜任这项工作时，你就和其他任何符合要求的人一样。当你增加额外的价值时，你开始脱颖而出，那些想要和你一起工作的人就会成为你真正的粉丝。你最终的成就是，当你进入品牌成功的第三个级别（受欢迎）——也就是你把粉丝变成推广者的时候，他们将成为你的全职销售队伍的成员，不断宣传你有多棒。

一旦你明确了你的差异化所在，你就需要通过沟通把这些特点告诉决策者，这样他们就能理解你将如何为他们提供价值。让你的差异化为人所知的最好方法就是把它融入你所做的每一件事，并让你周围的人都能看到。以下是具体做法：

⭐ **小贴士**

使用以下3个步骤来快速实现个人品牌融合：

（1）记录你在正常工作日经常做的事情，不管是沟通还是项目执行。

（2）考虑如何将你的差异化融入这些任务。我在第三章中分享了一个例子，一位富有创造力的女性做到了这一点，并获得了认可，这成为推动她职业生涯迅速发展的燃料。

（3）行动。把这些个性带到世界舞台上，把它们编织到你的日常行动中。

这种方法将帮助你吸引一群明智的决策者和有影响力的人，你将对此十分期待与兴奋——而且这种感觉将是相互的。

## 本章小结

在这一章中，我向你介绍了品牌连续体，我希望能激励你采取行动，成为一个有需求的个人品牌。你要花时间深思熟虑，这样你就能知道你的个人品牌的关键要素——你的真实自我、品牌差异化、超级影响力，以及其他让你不可替代的要素。既然你已经读完了这一章，你就可以清楚地表达你独特的价值承诺了。但发掘你的个人品牌的过程并不全是自省。在"了解"阶段，你需要了解别人对你的看法。因为你的个人品牌深藏在认识你的人的心里，所以当你发现和定义你的个人品牌时，你必须敏锐地意识到外界的看法。在第二章中，我将帮助你将这一过程推向一个完整的循环。你将通过从别人那里获得反馈来验证和完善你的自我认知。你可能会问，谁是"合适的"其他人？没错，他们是能帮你实现目标的人。我将与你分享到底是谁组成了这个群体，这样你就可以定位自己，去影响他们。

我发现，与我共事的那些成就超群的人往往不耐烦，急于采取行动打造自己的个人品牌。如果是你，你可能会忍不住想跳到另一章，但从长远来看，这不会为你节省任何时间。要建立有效的个人资料，兑现你想要的结果，就需要完成个人品牌推广流程的"了解"阶段。在表达属于你的个人品牌时，一个非常重要的方法就是做出正确决定，知道要包括什么、排除什么和突出什么。当你开始提高知名度的时候，你预先付出的努力将带来巨大的回报。所以，放轻松享受这一过程。

# 第二章
# 理解外界

*人们是如何看你的？*

　　确定人们对你的看法的第一步是确定哪些人重要。个人品牌化不是为了出名，而是有选择性地出名。这意味着你只与需要了解你的人一起建立你的个人品牌，这样才能实现你的目标。对于这个群体来说，你总是显著、可用且有价值的。而对于世界的其他地方，你几乎可以完全默默无闻地生活。你不必成为所有人的一切，知道这一点难道不是一种解脱吗？对于这种有选择性的观众，我有一个术语来形容：品牌社区，因为所有的成员都在为彼此提供价值。

### 🧠 心态重置

　　把你的品牌社区想象成你的5D团队：决策者（decision maker）、元老（doyen）、学徒（disciple）、保护者（defender）和讲述者（discourser）。每个有效的品牌社区都是由这几类人组成的（图2-1）。

**图2-1　你的5D团队**

决策者：这些人对你能否实现目标有重大影响。这一类人包括人力资源经理和高级领导者，包括那些对你目前的职业活动和未来职业成功起到重要作用的人，还包括影响这些决策者的人。

元老：他们是你所在的领域的思想领袖，你所在行业或工作职能中的"明星"，还包括"专业同事"——他们不是很有名，但跟你拥有相似专业知识或思想领导目标。你们可能观点不同，但在专业方面是"近亲"。

学徒：如果你负责管理别人，"学徒"指的就是你的员工。"学徒"还可以包括你为实现目标而需要激励的人——即使你不是他们的直系领导。追随你的人和接受你指导的人也属于这一类。

保护者：他们是你寻求道德与专业支持和指导的首选对象，包括你的导师、亲密的家人和朋友。他们往往能帮助你加速成长，帮助你更快速地实现目标。他们可以在你面临挑战时为你提供你需要的视角。

讲述者：这些人是具有舆论影响力的发言人，可以帮助传播你的信息，包括传统媒体人员、作者、播客主持人、博主和社交媒体领袖。

现在轮到你了。花点时间记录你的品牌社区（或5D团队），他们需要了解你，这样你才能实现你的目标。

在你列出了自己品牌社区的成员名单后，标出那些你很少或从来没有见过的人。培育虚拟关系需要付出额外的努力。记录下这些人能帮助你有意识地与他们打交道。

💡 **趣味信息**

美国奥利弗大学（Olivet University）2018年的一项研究显示，76%的人认为导师很重要，但目前只有37%的人有导师。

## 成功品牌推广的3P公式

现在我们应该由内而外地来审视自己的个人品牌了。职业上的成功不是凭空出现的。要想在当今竞争异常激烈的市场中取得成功，你必须敏锐地察觉到外界的看法。在美国个人品牌咨询企业CareerBlast. TV，我们使用3P公式，即目的

（purpose）、表现（performance）和认知（perception），来描述我们认为的在当下取得成功需要具备的条件。

目的 ＋ 表现 ＋ 认知 ＝ 成功

## 目的：你是谁，你的驱动力是什么

如果你在工作中感觉不到成就感，那可能是因为你的工作内容、方式与你认为重要的东西之间存在分歧。你的动机是什么？什么样的目标能激励你？当你直截了当地阐述你的目标、价值观和独特的工作方式时，你就拥有了指南针，它可以帮助你朝着正确的方向、你的终极愿景前进。

## 表现：如何在工作中创造价值

这个部分要求你确定做好工作所需的技能，以及如何让你在下一个角色中受到关注。表现在一定程度上与你的技术技能有关，但当谈到个人品牌塑造时，其最重要的领域是长期以来被称为软技能的这一特质，这个特质反映了职业成功的人性部分。确定你的专业技能和软技能将帮助你在工作中建立和培养有意义的人际关系。然后，你就能在职场上有所作为。

## 认知：人们对你的看法

3P公式中的这一要素是人们经常忽视的，但它对于事业成功是绝对必要的。你可以有明确的方向和经过磨炼的专业知识，但如果没有能力与重要的人建立关系，你取得成功的过程就会受到阻碍。不管你喜欢与否，我们的成功与别人对我们的看法密不可分。

## 验证你的真实性

无论你是在找新工作、想得到晋升，还是在寻找新客户，全面了解你的职业口碑都是必不可少的。

虽然成功的个人品牌塑造是基于你的真实和真诚，但你的个人品牌是建立在你在周围人心目和脑海中的形象之上的。我一直在重复这句话，因为你必须面对这些外界的看法。他们帮助你验证自我认知，并提供给你信息，帮助你完善你的品牌信息。

这些认知对于打造一个真正真实和有说服力的个人品牌十分关键，为此我开发了一个工具，希望帮助有事业心的专业人士获得周围人如何看待他们的坦率反馈。这款工具叫作360Reach[①]。但不要把它与大多数企业使用的360工具[②]混为一谈。这项调查工具并没有回答"你在某某处工作怎么样"这个问题，它回答的问题是"你是谁"。

你获得的洞察力对你的个人品牌建设将是无价的。通常，你获得的洞察力为外部认知提供了微妙而有力的线索。

---

① 一款基于网页的个人品牌调查工具。——译者注
② 其他同类型的员工调查评估工具。——译者注

我在一家律师事务所与一位非常聪明和敬业的高管共事。她引以为豪的是，她是那种乐于与他人打成一片，并且全神贯注倾听他人的领导者。当她收到360Reach的成绩时，她意识到，虽然有些人认为她思想开放、包容、愿意考虑所有观点，但另一些人认为她优柔寡断。有了这一层意识后，她能够改进自己，通过对企业积极和有价值的方式来传递个人品牌价值，即"开放和包容"。

另一位客户是一家科技企业非常资深且成功的财务主管。她收到了360Reach报告，其中一条评论彻底改变了她的职业生涯。评论说："你真的令人印象深刻。我仰慕你。唯一不明白的是你为什么要从事金融工作。在我看来，你就像是一个营销人员。"有趣的是，成为一名首席营销官一直是她的梦想。但她在大学的第一份实习工作是在金融领域，她在这个职位上表现出色。出色的工作表现让她受聘为全职金融分析师，她也接受了随之而来的金融领域的其他工作机会，并最终登上了高级职位，成为一名受人敬仰的领导者。然而，她这次收到的评论对她来讲意义重大，让她难以忽视。实际上，她对市场营销充满热情，并想追求这一事业。因此，她向首席执行官提议，让自己负责一项正在孵化的新产品的营销和财务工作。这一举动提升了她在工作中的幸福感，并使她能够为聘用者带来更大的价值。

这里要传达的信息是：要定期从他人那里获得反馈。把你学到的东西付诸行动。

拥有一种可以帮助你从外部了解自己的个人品牌的工具，的确可以帮助你大致了解外界的看法，但如果要一直对人们进行正式调研是不现实的。每年一次的绩效评估总结了领导对你的看法，这是一个非常狭隘的衡量标准。依赖这些评估实际上会阻碍你快速晋升，这一点不足为奇。这就是为什么你需要主动征求和听取来自你的5D团队的反馈。

⭐ **小贴士**

定期征求反馈意见。公开征求反馈意见。在你做演讲的会议结束时，与同事确认一下自己的表现。问问你的员工，他们认为你做得好和不好的地方是哪里。在一对一交谈的过程中征求经理的反馈意见。直截了当地表示你鼓励和欣赏坦率的反馈，不管反馈是好是坏。如果反馈与你的自我认知不符，问问你自己，这是因为你的沟通有误，还是因为你没有认识到自己的真实情况。

## 明确性：实现强大的真实性的关键

在将你的品牌具体化为你独特的价值承诺之前，了解自己的个人品牌是至关重要的。这里指的是个人品牌3C中的第一个：明确。小说家朱利安·巴恩斯（Julian Barnes）的一句话为人广泛引用："神秘很简单。明确是所有事情中最难的。"但在个人品牌推广中，从长远来看，探索真实的你所耗费的努力会带来回报。

我们将在第四章和第十一章讨论另外2个C，即一致和持续，但现在，让我们明确一下个人品牌3C（图2-2）。

**图2-2　个人品牌3C**

拥有强大个人品牌的人清楚地知道自己是谁、不是谁。坚定不移的独特价值承诺不仅至关重要，也是能带来丰厚回报的资产。它能：

- 帮助你明确什么样的个人品牌适合你，什么样的不适合。
- 让你能对那些无法帮助你达成目标的事情说不，将剩下更多时间专注于重要的事情。
- 告诉别人你是如何谈论自己的。
- 通过向别人介绍你，让他们轻松地替你传播个人品牌信息。
- 作为一个决策参考，帮助你决定哪些要去追求，哪些不需要。
- 帮助你确定加入品牌语言中的话题、关键词和观点。

- 使得写职业营销材料变得轻而易举。
- 通过提醒你具备的独特之处，增强你的信心。
- 把你从你不喜欢的仓鼠轮一般不知疲倦的工作中解放出来。

## 本章小结

现在，你的个人品牌已经牢牢扎根在你的脑海中，你已经证实了这些自我认知，知道谁需要了解你。把这些都结合起来，你就可以告诉世界你是谁，他们为什么应该关注你。不要试图隐藏所有的秘密，要与世界分享你自己。那么，是时候讲述你的故事了。在第三章中，我们将把你所了解到的所有关于你自己的东西提炼成一个故事，即你的个人品牌故事。你会学到讲述这个故事的方法，这样你就可以与你的品牌社区成员建立联系并参与其中。

# 第三章
# 你的个人品牌故事

## 你有什么故事？

你的真实故事可以用多种多样的形式呈现出来，可以是电梯游说，还可以是自传。《全新思维：决胜未来的6大能力》（*A Whole New Mind: Why Right-Brainers Will Rule the Future*）的作者丹尼尔·平克（Daniel H. Pink）很好地解释了你的故事和真实性之间的联系——"我们就是故事本身。我们把多年的经历、思想和情感压缩成几段紧凑的叙述，通过这样的方式向他人表达自己，一直以来都是如此。但是，在一个富足的时代，个人叙事变得更加普遍，或许也更加紧迫，因为我们中的许多人都可以更自由地寻求对自己和目标的更深层次的理解。"

在开始你的故事之前，我们先谈谈讲述故事所需的基本技能——沟通。

我们此前讨论了人际关系是如何成为商业通行证的，没错，沟通构筑了富有成效的人际关系的基础。

## 💡 趣味信息

哈里斯民意调查①（Harris poll）显示："91%的员工表示，沟通问题会拖累执行工作。"

我们来花点时间学习一下这个额外的重要技能。

## 💭 重点思考

思考以下的沟通形式，并从1～5给自己打分。（1分意味着"糟糕，我需要帮助"。5分意味着"我很擅长这个，还可以教别人"。）

| | | | | | |
|---|---|---|---|---|---|
| 倾听 | 1 | 2 | 3 | 4 | 5 |
| 书写（长篇） | 1 | 2 | 3 | 4 | 5 |
| 邮件 | 1 | 2 | 3 | 4 | 5 |
| 公关演讲 | 1 | 2 | 3 | 4 | 5 |
| 电话 | 1 | 2 | 3 | 4 | 5 |
| 面对面沟通 | 1 | 2 | 3 | 4 | 5 |
| 短信 | 1 | 2 | 3 | 4 | 5 |
| 视频 | 1 | 2 | 3 | 4 | 5 |
| 社交媒体 | 1 | 2 | 3 | 4 | 5 |

① 一项调查，调研美国公众对不同经济、政治和社会实践的反应。——编者注

你的得分怎么样？如果你在任何领域的得分都处于3分或更低的水平，那么你应该花时间训练自己，加强沟通方面的能力了。在当今职场背景下，这份清单上的所有沟通形式都是至关重要的。

要想在沟通方面变得更强大，你的学习途径包括聘请职场教练、请人力资源部提供职业发展课程、参加短期职业发展培训（甚至可以在网上找），以及寻找榜样。你期待阅读谁的社交媒体帖子？你们部门谁写的推荐信最好？你认识的最好的倾听者是谁？

### 🧠 心态重置

尽管电子邮件被广泛使用，但它往往不是进行高效沟通的合适工具。抛掉陈规，针对你的每一次沟通确定最合适的工具。能否做到脱颖而出，不仅要看你说了什么，还要看你用什么方式说出来。

如果你已经确定了某项需要改进的沟通技能，那么你已经开始努力进步了。如果你发现了需要改进的地方，你会意识到身边有很多大师，你可以开始留意是什么让他们的演讲如此吸引人。如果你确实报名了一个短期课程，你可以把它加到你的简历中。如果你聘请了私人职场教练，他就会成为你的人脉的一部分。你不会因为强化沟通这项基本技能而失去什么，你反而会获益良多。

**💡 趣味信息**

美国技术营销公司The Radicati Group, Inc.的数据显示，预计到2022年年底，职场人士每天发送的电子邮件数量将超过3330亿。

# 讲述你的故事

所有强大的品牌都拥有清楚明了的故事，所有强大的品牌经理都可以向使用各种通信手段的人讲述这个故事。你要做的第一步是给自己的故事下定义。这意味着把你在第一章中花时间反思自己的品牌时所学到的东西与其他人的反馈结合起来，并决定将哪些元素作为你叙述的故事的一部分。我的所有客户使用的方法主要是收集原始数据并运用数据填充"6项内容清单"。

## 6项内容清单元素

这6类内容将帮助你确定你的故事的元素：成就、价值观和热情、超级影响力、差异化、可量化的事实、证明。

**成就**。根据你创造或曾经创造的价值，为你的每一项最重要的成就写一句话。记住"下一份工作"，也就是前言中讨论的趋势，包括那些与你下一份工作要做的事情最相关的成就。

**价值观和热情**。你在第一章中思考的相关问题的答案会在这里派上用场。只要稍加修改即可。这并不是要一股脑儿地讲述你所有的价值观和热情，只选择那些对你的品牌表达很重要的价值观和热情即可。

**超级影响力**。这些都是你的标志性强项。你做得比别人好的是什么？你拥有哪些万里挑一的技能？

**差异化**。这是你的个性大放异彩的时刻。你的背景、你的工作过程、你的生活经历和你的个性有哪些吸引人的地方（一切皆可能是！）帮助你脱颖而出？

**可量化的事实**。从字面上来说，量化你的成就。销售业绩、预算节省、演讲次数、一年内累积的飞行里程——所有这些加在一起。

**证明**。可以是他人或组织授予你的奖项、推荐信和荣誉，也可以是他人或组织引用的你的话、在出版物上被引用的你创作的内容或你的言语，以及你的学位，这些都有助于验证你对自己的评价。

完善了这些内容清单项目后，问你自己2个问题：

**是否有不完善的地方？** 如果有，请继续补充、完善。也许有某处细节不适用任何一项内容清单，但不管怎样，还是请将它添加进去。

**是否有无关的内容？** 当你把你所有的事实和数据放在一起看的时候，有没有一些事情不像其他的事情那么重要？如果是，请将其移除。你需要传达严谨的信息，而不是一大堆无关痛痒的"边角料"。

现在，你已经知道了讲述故事的必要知识。

👤 **布兰迪头脑风暴**

我们的模范个人品牌大使布兰迪是这样填写自己的内容清单的:

---

**1** **成就**: 我为我的部门建立了一个新的项目管理模型, 能简化数据分析流程。我曾经组建并领导企业内人员流失率最低的市场研究团队。我指导过的一位实习生, 现在是我们最好的新员工之一。

---

**2** **价值观和热情**: 好奇心(我必须刨根问底)、创造力(从来没有人看到我穿单调的黑色衣服)、合作、团队运动(我大学时是女子篮球队的成员), 以及去亚洲旅行。

---

**3** **超级影响力**: 和谐: 我鼓励团队超越他们的意见分歧, 专注于共同的愿景和使命, 从而超出客户的期望。我在工作中的绰号是劝导者。即使是持高度怀疑的产品经理, 我也能让他们相信使用推特和Instagram等社交媒体工具的重要性。

---

**4** **差异化**: 我喜欢挑战现状, 在会议上说些让人停下来思考的话。我利用我的国际专业知识和对旅行的热情来设计优秀的全球广告宣传活动。世界上很多人都把注意力放在同化上, 而我不介意脱颖而出。我的名字拼写中有"i", 这对我的名字来说是很特别的。在我的签名中, 我

喜欢把这个"i"变成一个小小的感叹号。

**5** **可量化的事实**：我攀登了世界上2座最高的山峰。我在5个国家生活过，会说3种语言——法语、英语和西班牙语。我负责的营销活动带来了价值50万美元的额外业务，同时将我们的媒体支出减少了20%。

**6** **证明**：我以优异的成绩毕业于马萨诸塞大学（University of Massachusetts），被提名为推特上最受关注的十大营销人员之一。

如果你的内容清单没有像布兰迪那样充实，不要感到绝望。她的清单并非一开始就是如此，但她从初期的想法培养开始就做得非常好。

现在，我们开始写故事。谈到品牌化，你的故事可能会有3种形式：短篇、中篇和长篇。

## 短篇：标语

你可以用标语来描述你的品牌承诺或传达你的品牌个性。标语的强大之处在于，它可以将一个完整的形象浓缩成几个词。但要做到这点，标语需要让人印象深刻。

聪明、有趣、搞笑、无畏。

这是20世纪八九十年代出版的讽刺月刊《间谍》(*Spy*)的标语。这是库尔特·安德森(Kurt Andersen)和格雷顿·卡特(Graydon Carter)的创意。尽管这本杂志可能已经停刊了,但你可能在2016年美国总统竞选期间听说过它。在一场辩论中,当时的美国总统候选人特朗普和对手马尔科·卢比奥(Marco Antonio Rubio,美国政客)比较手掌大小的幼稚环节就用到了这个标语。这种风格是该杂志的灵魂所在,4个词语,总共8个字的标语很好地概括了这一点。标语中传达的信息蕴含经久不衰的真理。

你的标语可以是陈述,可以是承诺,也可以是一系列的属性特征。

 **布兰迪头脑风暴**

布兰迪为自己总结了3个标语:

- 我总是喜欢刨根问底,然后我会弄清楚背后的缘由。
- 善于说服、有恒心、充满热情。
- 只要手握的钥匙对了,世界就是一扇敞开的大门。

以下是2条具备说服力的好标语:

- 我每天都努力确保自己拥有成为行业顶尖人才所需的技能、支持和活力。
- 我是一名数据探索者。我可以通过数据分析提供更深的洞见,从而提升业务水平。

你的标语也可以是别人赋予你的。我使用的标语是"个人品牌大师"，这是《企业家》（*Entrepreneur*）杂志给予我的称号。因为我就是这样告诉所有人的，我一招鲜吃遍天，个人品牌就是我的本事！

### 中篇：电梯游说

每次你与某人会面，或者在一个彼此互不认识的会议上，你都会分享你的电梯游说[①]。所有有效的电梯游说都具备这些品质。它们是：

**简短**。想象一下，这只是发生在普通办公楼的电梯内的场景，而不是纽约帝国大厦[②]的电梯。

**相关**。你的电梯游说需要根据会面对象进行略微的调整。

**有趣**。这里指的不是美国知名畅销小说作家约翰·格里森姆（John Grisham）小说中的那些惊人的反转情节，而是那种能让别人想更多地了解你的兴趣的有趣情节。

大多数电梯游说的问题在于它们非常无聊，而且把演讲者当成了一种商品。这是因为大多数人不会从让自己与众不同的角度来介绍自己。相反，他们专注于自己的工作职能、头衔和所属企业——这些是代表他们融入其中的属性。这不是品牌化，而是合规性。

---

[①] 这个名称传递了这样一个理念：你应该能在乘电梯的时间内，也就是大约30秒，用极具吸引力的方式简明扼要地阐述自己的观点。——编者注

[②] 美国地标性建筑物，总高381米。——译者注

## 长篇：个人品牌简历

今天，你最重要的职场文件是你的简历——或者，我喜欢称之为你的个人品牌简历。曾经的简历能帮助你吸引人们的关注，但现在已经不是这样了。它仍然是一项重要的职业资产，但已经沦为一份仅用于证明的文件。

你最有价值的个人品牌文件是三维个人品牌自传，即三维版的你。它是综合你在职场社交平台上的自我总结、你的企业网站、你在演讲中的自我介绍，以及其他任何让人们会对你产生第一印象的文件的优化版本。

采用第一人称（我）来展示你的三维个人品牌简历。你可以利用第三人称（他或她，或是他们或她们）创建其他合适的简历版本。第一人称之所以强大，是因为它更具亲和力和个人化——当别人读到你的简历时，就像在和你交谈。

在三维个人品牌简历的起草阶段，将上述6个内容清单中的元素组合成一个令人信服的故事，重点突出你的过人之处。在整个自我总结中，综合不同类别的内容能增加趣味。

然后，以行动号召结尾。

在本书的剩余部分中，你的个人简历将作为参考文件，帮助你描绘电子世界中属于你的故事。

### 🧠 心态重置

专业简历不是名人、作家和高级管理人员的专属。无论你是希望进入最喜欢的大学的高中生，还是为制药企业工作的知识产权律师，你都需要一份专业的简历。

## 在会议上留下你的印记

根据不同的职位情况，你会有30%～50%的工作时间花在会议上。因此，不难看出最佳的个人品牌推广机会就在会议室（或者对于远程工作人员来说，在Zoom[①]会议室）。

当谈到会议时，专业人士最常犯的错误是忽视准备工作。如果你没有为会议做准备，"因为只需要出席，走个过场"，请注意，这是一个在你面前疯狂闪烁的危险信号。要么不要浪费你宝贵的时间去参加会议（也就是说，委派其他人去参加会议），要么就准备好认真地参加会议。我的CareerBlast. TV联合创始人、纽约高管教练欧拉·什图尔为完美的会议准备工作提供了以下建议：

- 温习一下背景材料，或者对会议主题做一些功课。
- 形成对会议主题的初步观点（体现你的个人品牌的观点）。
- 分析一下到场的观众。他们的观点是什么？与会议主题相关的热点话题有哪些？一锤定音的关键决策人是谁？
- 问自己："我希望在会议结束后，观众如何看待我？"

---

① 一款美国视频会议工具。——译者注

虽然很多人都在谈论餐桌上最有权势的座位在哪里，以及如何在视频会议上看起来自信，但欧拉宣称，只要你专注于2件事，非语言沟通和语言沟通，每一个座位都可以成为权力之座。

无论你是身在现场还是视频交流，要通过非语言方式体现存在感，首先要有自信的坐姿。丢掉令人分心的电子设备，身体前倾，进行眼神交流（或直视摄像头）。如果你身材娇小，可以抬高你的座椅，把手放在桌子上，这样也能占据更多的空间。

✔ ✘ **可以与不可以**

可以参加不只是更新进程的会议。要本人出席并投入地参与整个会议。

不可以在会议上放松，或者更糟地，翻看手机中他人发的新动态。

你在会上的口头沟通会给他人留下印象。如果你的资历相对较浅，或者对这个话题一无所知，那就提醒自己，那些深陷于问题或解决方案中的人往往会忽视大局。你的机会来了！

☆ **小贴士**

问一个问题。如果你在会议室，绞尽脑汁也想不出最有价值的话，那么就学会倾听，然后问一个战略性问题，比如：

• 忽略这个问题所带来的风险在哪里？

- 我们有思考过其他解决方案吗？
- 我们是否有其他人处理的基准数据？
- 如果我们现在进行投资，预计投资回报率为多少？

为了方便，欧拉建议你可以在每次会议上问同样的问题。她将其称之为"个人品牌问题"。这个问题反映了你深度发展的观点或价值观。

如果你和大多数专业人士一样，常常要在会议上介绍你的最新工作，这是另一个让你大显身手的绝佳机会。与其只谈论你做了什么和你面临的挑战，不如谈谈你行动的结果。换句话说，谈谈你到目前为止取得的成就。如果你在既定目标上没有取得太大进展，欧拉建议你谈谈发行成功的原因，为什么最初的几小步就能让你获得巨大的成功，或者你期望有怎样的良好结果。如果你确实面临着巨大的挑战、问题和障碍，那没关系，这很常见。但是，如果你想高质量地出席会议，要确保你不会只是抱怨你的问题。要聚焦于提供一些可供选择的解决方案供讨论。

最后，欧拉建议的另一种提高会议参与度的方法是提供你的观点和看法。为什么要把它们憋在肚子里，然后在别人讲出来的时候责备自己呢？欧拉教练建议你鼓起勇气，用一个简单的问题打断谈话："我可以在这里补充我的观点吗？"如果你平衡了好奇心（倾听和提问）和主张（提出你的观点），永远不会有麻烦找上门。相反，你在每次会议上的出现都显著提供了价值，也强化了个人品牌，而这能改变人们的看法。除了表现之外，改善认知也会让你升职！

## 🛜 远程指导

远程参与会议会提升品牌塑造难度。以下是能帮助你在远程会议中获得关注的方法。

- 如果你主持会议，要确保是视频会议。这是除了现场会议之外的最佳选择之一。不要想着可以选择电话会议。如果你不是主持人，试着向主持人建议使用视频会议软件。
- 确保参会人知道你是谁——如果可以，先介绍你的名字，然后再开始建言献策。
- 留下你的印记。要争取在会议结束后给人留下你有所贡献的深刻印象。

以下例子显示，将你的品牌融入会议是很容易的，但更重要的是，这是至关重要的一步。我曾在一家科技企业与一位会计主管共事。她的个人品牌完全围绕创造力，在她的工作场所中，她是为数不多的知道这一点的人之一。为什么？因为她告诉自己，从事会计工作时没有创造性的空间。她在办公室之外通过素描、油画、室内设计和自创菜谱来充分发挥自己的创造力，但这意味着她已经在工作和生活之间建立了牢固的"围墙"。这并不是理想的成就感。所以我向她强烈建议，如果她这么有创造力，她肯定能找到一种创造性的方式，把她的个人品牌融入她所做的工作。她接受了建议，决定专注于领导、主持会议，因为它们占据了她每周日程表中最多的时间。

以下是她的行动展开过程。

她将会议拆分成单独的板块。

- 邀请
- 议程
- 开始
- 介绍
- 讨论
- 总结/结束
- 后续

然后，对于每一个板块，她都注入了自己的创造力。例如，发出的会议邀请函是由她亲手绘制的趣味信纸，随后转换成Word模板制作而成的（顺便说一句，数字文具对品牌推广很有帮助）。她的议程的呈现方式总是趣味十足——比如单词搜索、填字游戏或助记法，这样与会者就可以记住主题。她在所有会议的各个板块都采取了这样的做法，然后发生了几件有趣的事情。她发现自己其实很喜欢主持会议。而且她发现人们非常喜欢她的会议，那些没有理由参加的人都吵着要参加。

现在轮到你了。会议往往是个人品牌建设最有力的商业活动——但并非总是如此。确定围绕以下3个元素的业务行为：

高频度。你经常做这项业务。

可见度。这个业务能让你有机会被他人看见。

享受度。你能从中获得满足感。

这个活动可能是领导会议，但也可能是给客户做推介、参与团队动态汇报，或是创建项目状态报告。现在，将该活动拆分为不同模块。将属于你的独特元素融入每一个模块，然后你就会看到自己的参与度显著上升。

### 💭 重点思考

参与每一次会议前，问你自己这些问题：

- 我如何让自己的项目目标和企业的商业目标一致并推动其发展？
- 我的品牌社区的哪些重要成员会到场？
- 我如何参与贡献能够展示自己的个人品牌？
- 我如何认可他人并表达感谢和称赞？

## 本章小结

第三章讲述了故事的力量。我们讨论了你的故事可以采用不同形式，以及你可以通过讲述故事并吸引决策者注意的不同场所。接下来，我们将进入第二部分，要将现实世界的叙述转化为你的数字品牌了。

# 第二部分

# 虚拟的你

## 📖 要点提示

现在，你已经对于真实的你有了清晰的认知。准备好进入第二部分，将所得的信息转换为一个虚拟世界的你！要实现这一点，首先，我们要了解你的个人品牌的网络印象，这将帮助你建立你的数字品牌战略，该战略植根于3个基本要素：

**个人资料**：你传递的第一印象。

**人群**：你的人际网络和目标群众。

**表现**：通过发展个人品牌来推动成功。

在第四章中，我将介绍数字优先现象。然后，在第五章中，我将分享为什么——无论你的职位、级别、行业或所在的组织是什么——你的领英档案都是传递你给别人的第一印象并为你与别人建立关系奠定基础的最重要的数字个人品牌工具之一。我会帮你弄清楚现在你的领英档案应该传达的内容。第六章重点讲述了循序渐进建立一个真正出色的领英档案的过程。然后，我们开始思考如何将你学到的东西应用到其他社交媒体上。

# 第四章
# 理解数字优先现象

## 很高兴见到你

我住在巴黎时喜欢结识新朋友，部分原因是我本身就热爱交友。我酷爱与人打交道，这在一定程度上是我将自己的职业生涯献给个人品牌领域的原因。我特别喜欢在法国结识新朋友，因为当我向一位新朋友介绍自己时，他们的反应是"迷人的"（Enchanté，法语），当然，翻译成英语，这个词的意思是"很高兴见到你"（字面意思是"我被你迷住了"），但根据词典上的说法，Enchanté一词的意思是"非常高兴"。当有人与你相遇时，难道你不希望他们非常高兴吗？难道你不想让自己给人的第一印象是迷人的吗？这就是我希望你能做到的。在这一章里，我们将讨论你需要做些什么来创造一个真实的、相关的、（当然肯定要是）迷人的第一印象。而这种第一印象需要在虚拟世界中同样强大。为什么？因为第一印象已经数字化了（请记住前言中"9条关键趋势"中的趋势3）。

### 🧠 心态重置

他人对你的第一印象已经越来越多地来自线上。这意味着你的数字品牌需要像真实的你一样具有吸引力、人情味和承诺。曾经，在线品牌推广是锦上添花，而不是重要的必需品。今天，你的虚拟品牌已经成为你的名片。

## 从握手到上网搜索

你只有一次机会给别人留下良好的第一印象。

——威尔·罗杰斯（Will Rogers，美国幽默作家）

在过去，人们大多数第一印象来自现实世界的联系，通常是握手之后形成的。在初次见面后，我们可能会在网上搜索信息，以便对我们刚认识的人有更多的了解。但现在，这种认知模式被颠覆了：面对面的握手现在成了第二甚至第三印象，有时人们甚至不会握手（许多远程员工从未在线下见过他们的同事）。我的助手德博拉（Deborah，或者说是"世界上令人印象最深刻的助手"，我这么称呼她）和我在一起工作了6年，但我们甚至没见过面。米奇·乔尔在他的书《重启》中提出了"数字优先"这一现象，这意味着如果你想要掌握第一印象，就需要坚定地专注于你的数字品牌。

人们在与你见面之前就已经在网上了解你了，他们会根据搜索引擎的搜索结果做出判断。在知道要与你会面或通话的那一刻，他们就会在搜索引擎上输入你的名字，看看会出现什么结果。我称之为"她冲浪"或"他冲浪"。

"她冲浪"/"他冲浪"：为了了解他人而将她（或他）的名字输入搜索引擎搜索的行为。

即使是在内部消息流通很便捷的企业中，员工也会通过用搜索引擎搜索来了解他们的同事。在企业研讨会上，我经常问参与者这个问题："你在谷歌上搜索过这家企业的人吗？"

无一例外，几乎每个人都举起了手。然后我说："如果你用谷歌搜索过这个房间里的某个人，请举手。"

通常情况下，超过一半的人仍然举起了手。

这意味着你需要让真实的你与虚拟的你始终一致。你必须能够在网上全维度地讲述你的故事，创造出一幅有吸引力的完整画面。让你明白自己是谁，以及是什么让你变得伟大。回想一下在第二章中，我介绍了个人品牌3C（图4-1），并讨论了第一个C（明确）的重要性。我在这里所说的"一致性"指的是个人品牌3C中的第二个C——一致。在与他人的每一次互动中，你必须提供一致的个人品牌体验。

图4-1　个人品牌3C

　　想想星巴克，无论你走进纽约、新德里还是纽芬兰的星巴克，你都可以得到一杯清淡、脱脂、无泡沫、非常热的拿铁咖啡——无论你选择去哪个城市的哪家星巴克，都会有相似的体验。当你想到苹果公司的时候，你会想到在苹果专卖店、苹果官方网站上的体验，以及当你通过电话与客服沟通时的体验，都是相似的。你需要以同样的方式思考你为他人创造的体验——这意味着在真实的你和虚拟的你之间建立一致性。

## 认知偏差

　　要把握你的第一印象，有3个重要的认知偏差需要考虑：首因偏差、锚定偏差和确认偏差（图4-2）。

**图4-2 认知偏差**

## 认知偏差1：首因偏差

第一个认知偏差是首因偏差。首因偏差指的是我们相信学到的第一件事。首因偏差是第一印象很重要的原因。

### 🛜 远程指导

第一次与人见面时要谨言慎行。在与新人认识的远程会面时要额外花精力去传递个人品牌。见到别人之前，先进行调研，找出共同之处。要不遗余力地传递你的个人品牌信息。

## 认知偏差2：锚定偏差

第二个认知偏差是锚定偏差——事情从这里开始就严肃起来了。锚定意味着一旦我们形成第一印象，它就会固定在我们的思维中，导致我们很难改变主意。锚定偏差是第一印象持久的原因。

想象一下这样的场景：

一位高层领导看到你的名字出现在即将举行会议的与会者名单上。会前，她在搜索引擎上搜索你的信息，结果却发现了一大堆相互矛盾的信息，这会造成你留给她的第一印象是浮躁的。但当她在会议中与你交流时，你的注意力集中、条理清晰，与搜索引擎显示的有关你的搜索结果完全不同。你猜会怎样？她可能不相信刚刚见到的你。取而代之的是，她会把注意力放在第一次在网上搜索得到的那些结果中的细枝末节上。

### 认知偏差3：确认偏差

第三个认知偏差是确认偏差。确认偏差解释了信息和互动的累积效应。当你给人留下很好的第一印象，如果你和他接下来的一两次互动（无论是在网上还是在现实世界中）都与你给他的第一印象一样积极和一致，你基本上就没问题。同理，平淡无奇的在线表现，加上平淡无奇的现实互动，让人们的期望开始消极化。

确认偏差是真实和虚拟印象可能造成关键影响的原因。这意味着，如果你想与他人建立牢固而持久的关系，每一次互动、每一条信息和每一点反馈都必须提升你真正的个人品牌和个人形象。

# 答案尽在翻译中

数字个人品牌化的过程并不仅仅是打造品牌，而是要进行翻译。

你需要问的问题是：

- 我如何将现实的自己翻译成虚拟的自己？
- 我如何确保通过真实与虚拟的结合，让自己能被领导层看到、任用并展现自身价值？

在本书中接下来的旅程中，这些都是等待你回答的问题。

除非你对真实世界的真实品牌了如指掌，否则你无法打造一个强大的数字品牌。这就是为什么这本书的口号是"虚拟时代的真实个人品牌化"。一旦你定义了现实世界的个人品牌，你就可以将其转向虚拟，同时保持它的准确性、真实性和相关性。现在，我们就开始从真实到虚拟的翻译过程。首先，要准确了解你的在线个人品牌所传达的信息。

你已经知道为什么数字品牌对成功至关重要，是时候制定建立虚拟个人品牌的战略了。在开始虚拟个人品牌推广活动之前，先从宏观一点的视角开始，比如建立你的职场社交平台档案或增加你的社交媒体粉丝数量。

大多数的伟大旅程从哪里开始？当然是从你的脚下。

本章的剩余部分将着重评估你的网络形象，然后为你制订计划，让你能达到想要的高度。具体地说，我们将聚焦于搜索引擎对你的评价。

# 你的搜索引擎指数和在线账号

当有人在搜索引擎上搜索你时，他们会用5个标准来评估你的在线个人品牌。这5个标准是数量、相关性、清晰性、多样性和验证，这些评估标准是无意识的，但人们就会基于这些标准来理解搜索引擎的搜索结果。接下来，在我们讨论掌握个人品牌的策略时，这5个标准还会被一再提及。

让我们从数量和相关性开始，简要讨论这5项措施中的每一项。这2个衡量标准对在线个人品牌推广至关重要，它们构成了以下模型（图4-3）。与大多数四象限模型一样，我们的目标是位于右上象限——这意味着要拥有优异的数字个人形象。

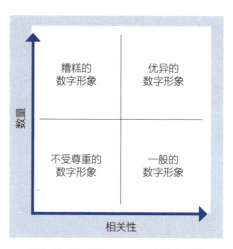

**图4-3　数字形象的数量与相关性模型**

## 数量

这是一个定量的衡量标准。它表示的是与你相关的在线内容量级。很多内容意味着"这个人肯定有话要说"，没有内容或内容很少则意味着相反的情况。

## 相关性

这是一个定性的衡量标准。当有人在搜索引擎上搜索你时，他们问的其中一个问题是："我需要认识这个人吗？"或者"这是我原本以为的那个人吗？"这2个问题的答案取决于你对于利益相关者的价值以及吸引力。

## 清晰性

这一点对于拥有普通名字或者与名人同名的人来说尤其重要。它关注的是你从同名同姓的人中脱颖而出的能力。那么，如果你有一个和别人相同的名字，或者更不好的是，你和一个名人同名，你会怎么做？在本章后面的部分中，我们将讨论让自己脱颖而出的有效策略。

## 多样性

这一点与你如何展示在线内容有关。你的个人简历是完全以文本形式展现的，还是有图像、视频、演示文稿和文档来强化你的信息？媒体内容的多样性越高，你的影响力就越大。我将在本书后文分享有效的、易于实现的技巧。

### 验证

我们都可以花时间和精力来丰富虚拟个人品牌的信息、创建内容来增加搜索结果的数量，我们还需要一些能验证自我描述的东西。这种验证源于外部，通常以表彰、推荐、背书和奖励的形式出现。如果网络上所有关于你的信息都只是你的一面之词，浏览信息的人就会怀疑其真实性。但是，当你的自我描述得到他人的言语肯定，其可信度就会增强。

十多年前，我在我的第一本书《不同凡响的事业：用个人品牌塑造脱颖而出》(*Career Distinction: Stand Out by Building Your Brand*)中谈到了这5个衡量在线个人品牌的标准。那时候，我没有今天这么多的数据支持。现在，我可以分享收集了数十万个数据点之后从中得出的结论。这些分析结果可以帮助你了解与同行相比，你的表现如何。

## 来自在线账号测算工具的结论

以下是我们从在线账号测算工具用户的近十万条数据中获得的信息。

### 最显眼的不是首席执行官

尽管你可能会认为首席执行官拥有很多表现出彩的机会，因此他们的形象在网络上最突出、最优雅，但事实并非如此。在网络上最引人注目的是年轻一代——他们在成长过程中，总是一刻离不开移动设备。

对"与你相关的视频出现在搜索结果中了吗?"这个问题，初级员工的答案大多数是肯定的"出现了"，紧随其后的是有一定经验与贡献的资深员工，首席执行官们排在第三位。

网络生活也会对初级员工和有一定经验与贡献的资深员工的职业生涯产生负面影响。这2个级别的人承认他们是有数字污点的群体（我在下文中会解释数字污点）。

谈到优异的数字形象时，我们的用户中得分排在前5名的工作人员是：

（1）有一定经验与贡献的资深员工

（2）经理

（3）初级员工

（4）主管

（5）首席执行官

虽然首席执行官们不像年轻用户那样生产大量数字内容，但他们也不太可能在数字形象方面过于糟糕。他们的内容在相关性上获得了较高的分数。首席执行官们在"糟糕的数字形象"方面的得分排在最后。

## 多数市场营销人员都有优异的数字形象

不出所料，市场营销领域的用户在"优异的数字形象"类别中所占的比例最高，紧随其后的是企业家，然后是工程领域的用户。

工程师也出现在"糟糕的数字形象"类别中，人数所占的比例最高，紧随其后的是市场营销人员，然后是销售人员。这一发现出乎意料，因为销售人员通常专注于给人留下强有力的、积极的第一印象。

## 性别差异的存在

与男性相比，女性在网络上的内容更少，其中近30%的女性只获得一半数字形象的分数。女性不太可能有数字污点，也不太可能在谷歌搜索结果中出现相关视频。

我们将继续跟踪在线账号测算工具的数据，看看新技术、新趋势和新一代如何影响相关数据的分析结果。

# 抛弃数字污点

在每次主题演讲结束时，我经常被问到一个问题："如果谷歌搜索显示了与我有关的不受欢迎的内容，我该怎么办？"如果你的搜索引擎搜索结果出现了数字污点（即那些有损形象、不真实的内容，或者只是你为了达成目标，而不希望别人凭借其认识你的内容），也不全然是坏消息。

在搜索引擎的搜索结果中，人们很少会浏览超出第一页的内容（或者移动设备上相当于一个屏幕的内容量的内容），几乎从来不会超出第三页。所以，你需要做的就是专注于第一页，稍微关注第二页和第三页。

### 💡 趣味信息

　　根据在线账号测算工具的数据，更多的初级员工可能会有数字污点，而入门级员工则声称，他们拥有的数字污点比其他任何群体都要多。

　　还有更多的好消息！减少数字污点的负面影响比你想象的要容易得多。就像面对多数的杂乱场景一样，有2种方法可以清理你的数字污点。

　　**使用吸尘器**。这意味着，如果你是发布不良内容的人，就将其删除，或者与出现不良内容的网站所有者交谈，要求他们将其删除。

　　**把脏东西扫到地毯下面**。这就是针对无法删除的内容的操作。因为人们大部分时间都是根据搜索引擎的搜索结果的第一页或第二页来评价你，所以我们的目标是让你的名字出现在大量积极的、最新的、显示的位置最靠前的内容中，从而把数字污点压下去。当然，优质内容可以包括你管理的网页，比如你的个人网站或职场社交平台档案。

### ⭐ 小贴士

　　随时关注搜索引擎中有关你的搜索结果。搜索时，给你的名字加引号[1]，如"威廉·阿鲁达"。这样，每当你的名字

---

[1] 加引号能让搜索引擎显示当引号内的关键词呈整体出现时的搜索结果，这对精确搜索很有帮助。——编者注

出现在网络上时，你就会知道。

## 名字里的奥妙

当你的父母给你起名字的时候，他们可能没有考虑到如果不选择一个独特的名字，比如橘子（Tangerine）或月亮单位 [ Moon Unit，著名摇滚音乐人弗兰克·扎帕（Frank Zappa）的女儿的名字 ]，你的名字会在网上因重名而带来混淆。因此，我们中的一些人被迫选择了普通的名字，或者与名人和网络红人同名。

### 💡 趣味知识

根据美国姓名统计网站HowManyOfMe.com的数据，在我写这本书时，在美国，有30677个人叫约翰·威廉姆斯（John Williams），11492个人叫苏珊·史密斯（Susan Smith）。有1033位詹姆斯·邦德（James Bond），51位朱丽安·摩尔（Julianne Moore），18位奥利维亚·波普（Olivia Pope）和53位成龙（Jackie Chan）。

好消息是，人们已经对用搜索引擎搜索十分熟悉。他们知道，当看到看起来不太对劲的内容时，他们需要改进搜索方式，并且他们会这么做。这意味着他们会加入一个词或短语来过滤掉"非你"的内容。那么诀窍是什么？你需要知道他们会使用的关键词，并且你需要确保你在网络上发布的所有内容中都包含了那些与众不同的关键词。

我很幸运，我有一个相当独特的名字——我的姓是一个不常见的葡萄牙语单词，而且没有多少葡萄牙人叫威廉。尽管运气这么好，我知道自己的搜索引擎搜索结果不会总是清晰的。所以我要确保在网上发布的每一个东西都有"个人品牌"一词。在我的《福布斯》杂志专栏中，300多篇文章中几乎每一篇都包含"个人品牌"一词，我的领英博客、YouTube视频标签和我的数字足迹的其他组成部分也是如此。

## 你的关键词是什么？

现在，花点时间来确定你的关键词。如果你还不清楚你想要为人所知的关键词是什么，这里列出了4种方法，可以帮你找出合适的关键词。

**回顾你的个人信息**。回顾本书的第一部分，查看定义信息或观点的部分。你会用什么词来描述你独特的信息？

**从利益相关者的角度思考**。想想你希望影响的人是谁。谁是决策者？然后想一想，如果他们在搜索你或和你做同样事情的人，他们会使用什么词进行搜索。

**研究招聘启事**。在职场社交平台上寻找至少5则招聘启事，以此类推，寻找5则你当前职位的同类职位的招聘启事以及5个你希望选择的职位的招聘启事（记住，个人品牌化既需要真实也要有展望）。然后寻找这些职位共有的关键词。

**看看你的同行**。在职场社交平台上搜索那些和你同一职称的人，以及那些拥有你下一个想要拥有的职称的人。记录下你在这些人的职场社交平台档案中看到的共同关键词。

## 与职场社交平台相关

现在，你对你的数字品牌状况有了一个基本的了解，也掌握了一些消除数字污点的策略，确保人们能在有着与你同名之人的茫茫人海中找到你，并确定了哪些关键词与你的目标关联度最高。现在我们需要关注一个特别的搜索引擎的搜索结果了——你的职场社交平台档案。

谈到职业形象时，你的第一数字印象来自职场社交平台档案。为什么？

如果从专业者的角度来分析数字形象，通常会从职场社交平台开始。但即使他们从搜索引擎搜索开始，你的职场社交平台档案也极有可能排在搜索结果的前三位，而61%的搜索点击都会引导到前三位。

这是个好消息。这意味着你有一个建立第一数字印象的得力工具，希望这能减轻你的压力。

## 本章小结

在第四章中，你了解了数字个人品牌为什么如此重要——它通常给人带来第一印象。此外，我还向你介绍了一些工具，它们可以帮助你弄清楚你的数字个人品牌目前所处的位置。了解这一点很重要，因为你将能够看到我们通篇都在讨论你将如何通过行动影响个人品牌塑造。

# 第五章
# 领英①是第一印象

## 在互联网上脱颖而出

我必须承认，我是领英的忠实粉丝。我非常看好领英，我对领英的期待实际上源于对个人品牌的热情。

我是一个不走寻常路的企业家，在我成年后的第一段工作里，我一直做企业品牌推广的相关工作。我不再"为某个人工作"，只是因为我太热衷于个人品牌的相关想法了。如果有一个首席个人品牌官的职位向我开放，我会选择在剩余的职业生涯中都待在有这个职位的领域中。最近，我的工作主要集中在数字品牌化上，领英已经成为我的企业客户使用的主要工具。

## 什么是领英

你可以使用数百种在线品牌推广工具来提高你的知名度

---

① 作者为美国人，在美国，领英的普及程度较高。在本书中，作者以领英为例，分析了如何用求职类社交媒体塑造个人品牌。在读者使用其他同类型的职场社交平台时，也可以将作者的观点和方法作为参考。——编者注

和提升你的个人品牌形象，但尝试所有这些工具会花费太多的时间。专注是至关重要的。我建议你从打造有吸引力、真实的领英档案开始，因为个人资料就是你给人的第一印象，也是你在领英上从事的所有其他活动的基础。

领英在刚问世时，就是一项有着惊人潜力的服务软件。总体来说，它有2个主要目的：提供你的数字版本资料，以及建立一个虚拟网络平台。它的重点是求职。

如果你正在找工作，领英会成为你的好选择。它还是一把双刃剑。当时，创建领英档案会让一些使用者感到不安，因为他们会想，"我不想让我的领导认为我在找工作。"这遭到了另一方（其领导）的怀疑："如果我的下属在使用领英，他们肯定是在寻求跳槽。"

如果你仍然这样看待领英，那么你的思想还停留在2003年（领英刚问世时）。在那个世界里，《老友记》是排名第一的电视节目，协和式飞机仍在飞行，施瓦辛格刚刚当选为加州州长。

这种心态在不经意间导致领英用户出现两极分化。因为它的求职平台属性，你不会经常访问它。当然，如果你正在找工作或经历了重大的职业变化，比如升职或有了新工作，你会访问领英并更新领英档案。但在那之前，你很少登录领英，也几乎不会每天访问你的领英档案。

现在领英已经是一个成熟的平台了，你需要采取新的思维方式看待它。

尽管仍然被用作求职和招聘工具，但领英最大的价值来自让你学习和成长，并成为社区的一分子。领英的大多数相关功能都是过去几年才新增的，总而言之，它们使领英成为除了你本人以外，你所拥有的最有价值的数字个人品牌工具。

领英不仅仅只是让求职者被更多人看见。在在线品牌推广方面，领英也满足了所有的条件。你可以展示你的专业知识、提高知名度、培养你的社交网络，在领英上几乎没有什么是你做不到的。我们将在本书的下一章和第四部分详细讨论这一点。我将与你分享我最喜欢的一些小贴士和技巧，来帮助你最大化地利用领英。

### 🧠 心态重置

领英的主要价值在于帮助你更好地完成工作，为你的聘用者带来更大价值。

要最大限度地利用领英的价值，你仍然需要首先关注领英在传递第一印象方面的作用。当你不在现场的时候，领英档案就代表着你。领英是人们（包括现在的同事）了解你的地方，它提供了一个让决策者看到你的机会，需要了解你的人能通过领英发现你。领英提供了领英档案的个性化定制功能，你可以将你所提供的价值以独特且吸引人眼球的方式呈现出来。领英是一个动态的虚拟文档，它会跟随你的发展而优化，收集、整理你最重要的荣誉成果，并让你获得帮助你取得成功的知识。无论采用何种方式，领英都会是你给人留下的第一印象。

当然，保持对目标受众的可见性、表达你的观点、融入一个相互联系的社区，很多社交软件都能做到这几点，它们中的许多对你打造数字个人品牌都很有价值。你需要根据你的目标受众获取信息渠道，根据受众喜欢的沟通方式来确定哪种媒体适合你。但对于每个有事业心的专业人士来说，领英是必不可少的选择之一。

现在，在你建立出色的领英档案之前，让我们先来看看领英的整体情况。然后，你就可以准备好在第六章制作你的领英档案了。

### ✔ 可以与不可以
✘

当你不能亲自到场时，可以将领英看成是你的替代形象。

不可以仅仅将领英看成一份简历。

## 领英是你的"个人品牌化团队"

领英已经迅速转变为一个多维度、个性化的个人品牌推广平台。领英可以成为你在长期品牌和职业管理方面的强大"合作伙伴"。以下是它为你的团队带来的所有功能。

**你的经纪人**。当你不在现场的时候，你的领英档案通常会给潜在客户留下第一印象。

**你的业务拓展人员**。你的领英档案拥有恰当的关键词，可以吸引需要你拥有的能力的招聘者，并让双方取得联系。你可能不知道潜在聘用者是谁，但包含正确搜索词的领英档案会有助于加快这个配对过程。这会带来"有计划的意外发现"。

**你的职业协会**。有了领英，你就能加入适合你的社区和讨论组。你将与更多跟你兴趣与专长相同的人密切联系。领英的群组和其他功能使你能够高效地参与有针对性的讨论，让你随时掌握动态，甚至让你超出你的能力范围，去参与当地的一些高级职业协会。

**你的广告宣传员**。该让位了，传统电视媒体。有了领英，你就有了新的"广告宣传员"。你可以展示专业知识、表达观点。不管是运用写个人简介的多样方式、在活动摘要中分享的内容、加入的群组以及进行的对话，你都可以告诉他人你是谁，以及你的信仰是什么。

**你的平面设计师**。领英可以帮助你描绘一幅创造价值的"三维肖像"。领英现在允许你将图片或视频整合到你的领英档案中，使其成为一个真正的多媒体综合体，展示你是谁、你所能提供的能力，以及为什么你的工作具有价值。

**你的推荐人**。领英允许你的好友为你的成就点赞，领英对你的自我描述提供了验证。职场内推功能可以让你把目光放在与你想选择的职场导师职位相关的推荐人身上。

**你的导师**。领英帮助你学习和成长。领英红人和话题帮助你掌握最新消息和想法，以及关键影响力人士的智慧。群组还可以让你及时了解相关问题，并帮助你与那些可以指导你做出职业决策的人建立人际关系。

**你的招聘人员**。领英不仅能帮助别人找到你，还能帮你找到团队中那些空缺岗位所需要的理想人选。

**你的推销员**。如果你想拜访一位客户或潜在的商业伙伴，完整而有说服力的领英档案可能能让你受邀，而不是吃闭门羹。

**你的联系人经理**。领英可以帮助你整理并管理职业生涯中的联系人。你可以将你的电子邮件和电话联系人添加到你的领英好友中，即使他们换了工作或者邮箱地址，你也能使用这个好用的工具找到他们。

**你的研究员**。无论你是想了解一个新的领域，想看看谁是特定行业的专家，还是想更多地了解特定的企业或产品，领英都能为你提供周到的服务。

## 完善你的领英档案

现在，你已经对领英的价值有所了解了，让我们把目光聚焦在如何完善你的领英档案。

⭐ **小贴士**

从乏味走向品牌化。如果你认为你的领英档案仅仅是一份简历，那么它只会变成一种证明工具——一份事实清单。但当你把它想象成一个职业作品集时，它就变成了一幅生动、令人难忘的三维肖像，它展示了你是谁、你的过人之处，以及你让人值得关注的地方。

在开始创建领英档案之前，先评估一下自己。让你的领英档案变得强大的2个重要因素是可信度和受欢迎程度。

## 你知道你的可信度吗

信誉至关重要。如果没有信誉，那你随时都可能被弃用。只有当你证明了自己言出必行，你的可信度才会上升。当你可以毫不掩饰地展示他人对你的认可与尊敬，尤其是那些在你的专业领域受人尊敬的人的认可与尊敬时，你就能真正提高自己的信誉。

💬 **重点思考**

根据以下问题以1～5分为标准为自己逐个打分，从而得到你的"信誉度分数"。

• 你是否受到他人尊敬？你的领英档案是否包含对自我描述的外部证明（知名领导的推荐词、你的言语被已出版的刊物引用的情况）？

- 你的领英档案中的前3项技能认可是否是你希望别人关注的？
- 你的领英档案是否包含博客帖子、媒体和其他展现你的技能的项目？
- 你的领英档案书写是否专业，是否有字词和语法错误，是否有适当的留白能让画面更美观？

## 你知道你的受欢迎程度吗

《讨人喜欢的因素：如何提升你的L因子并实现你的梦想》（ *The Likeability Factor: How to Boost Your L-Factor and Achieve Your Life's Dreams* ）一书的作者蒂姆·桑德斯（Tim Sanders）说："你可以赢得生活中的人气竞赛。"桑德斯的研究表明，你越受人喜欢，你的生活就会越幸福，他还就4个具体因素对读者进行了指导：

**友好程度：** 你向他人传达喜好和率真性格的能力。

**相关度：** 你与他人通过喜好和需求建立联系的能力。

**共情能力：** 你察觉、承认、体会他人的感受的能力。

**真实性：** 确保你的真实度和受欢迎程度的正直品行。

在个人品牌的世界里，你的第一印象要重点考虑这些因素。你讨人喜欢的能力始于你与某人的第一次互动，正如我们所讨论的，这第一次互动很可能发生在网上。

你的领英个人档案是否展现了你的受欢迎程度？

### 重点思考

根据以下问题，以1～5分为标准为自己逐个打分，从而得到你的"受欢迎程度分数"。

- 你是否有趣？你的领英档案不仅仅是列举事实（成就与证书）。你需要让它更加人性化、更加富有吸引力，让你的领英访客有进一步认识你的欲望。你的领英档案就是展现你的有趣之处的最佳场所。

- 你是否透明？当你在阅读自己的领英档案时，是否感觉模糊不清，好像在隐瞒什么？

- 你是否大气？如果你的领英档案通篇都以"我"开头，反而会适得其反。你是否认可他人？是否参与志愿工作或为他人提供辅导？

- 你是否出众？想要他人对你燃起好奇心，你的领英档案要能体现差异化。

### 远程指导

当你在饮水机或咖啡站与人聊天时，更容易表现出你有多讨人喜欢。在那里，你更有可能向你的同事询问他最近的意大利之行，而不是详述你在工作中使用的六西格玛①。要想表现出同样的讨人喜欢，在制作你的领英档案时，仔细考虑一下你想分享哪些关于你的个人生活的内容。在一个忙碌

---

① 一种改善企业质量流程管理的技术。——译者注

的世界中展现你有人情味的那一面。

## 综合可信度和受欢迎程度

在CareerBlast.TV，我们创建了LPTI——领英档案类型指标（图5-1）。当你结合你的可信度和受欢迎程度时，你就可以确定你的领英档案是让你看起来乏善可陈，还是平易近人、才华横溢或是受人尊敬。

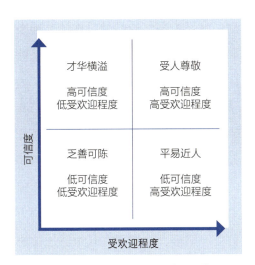

图5-1　领英档案类型指标（LPTI）

我们都听说过这样一句话：“人们希望与他们认识、喜欢和信任的人一起工作。”你的领英档案需要让人们觉得他们了解你，然后愿意信任你（这是可信度的一部分），并喜欢你。

当你用可信度和受欢迎程度这两个标准来评估自己时，你会看到自己在如图5-1的四象限模型中的位置：是乏善可陈、才华横溢、平易近人或者受人尊敬。

**乏善可陈：**你还有完善工作要做。你的领英档案很难帮你建立信誉或与他人建立联系。但好在，只要稍加努力，你就可以升级你的领英档案，改变目前的处境。反思你取得的重大成就、人们钦佩你的地方，以及你的听众的需求，然后完善你的领英档案，包括那些关键点。

**才华横溢：**这是个很好的开始！你清楚地表明自己技术熟练，并且取得了很多成就。现在你要做的是修改一下你的领英档案，让你变得更平易近人、讨人喜欢。为了与他人建立更深入的联系，在你的领英档案中多分享一些关于你本身的信息，你热爱什么以及你在工作之余喜欢做什么。

**平易近人：**挺好的！你的领英档案的字字句句都让人禁不住喜欢你，让人们很容易在个人层面上与你建立联系。是时候证明你不仅讨人喜欢，而且有技能和影响力。为了让你的领英档案更上一层楼，你需要在其中添加你的职场成就和其他人的赞誉。向正在打量你的人展示你有专业知识储备、经过锤炼的观点和可以提供的价值。

**受人尊敬：**太棒了！你的领英档案是经过深思熟虑并有策略性地制作出来的。你给人留下了强有力的第一印象。你不仅传达了你的成就和荣誉，还通过你的真实性和透明度与他人建立了深刻的联系。你既可信又讨人喜欢，这表明你真的令人敬佩。

我们将在下一章中讨论如何写领英档案。但在此之前，最后还有2个很重要的提示。

**重新定位你的领英档案**。评估你的领英档案的最好方法是不要按照领英档案中每个模块的显示顺序来看。相反，应该从它们为你带来的价值角度看待（表5-1）。

表5-1　领英档案模块

| 模块 | 内容类目 | 性质 |
|------|---------|------|
| 个人简介 | 目前职位、头像、"关于我"（这是你给别人的第一印象） | 相关性、有魅力、引人注目 |
| 联系方式 | 地址、3个网站、其他联系信息 | 显眼、可访问 |
| 个人经历和技能专长 | 技能专长、工作经历和教育经历 | 经验证、公认 |
| 其他模块 | 推荐信、出版作品与成就、活动和兴趣 | 完整、全面、专业、有关联 |

**不要打扰你的关系网**。在你开始写领英档案之前，先做一件重要的事情。当你更新领英档案时，如果你的每一个小变化都会让领英给你的联系人发提醒消息，这可能会惹恼他们。关闭动态更新提醒按钮。然后，你就可以想怎么修改就怎么修改，不管是增加一个括号还是修改一个单词，都不会让你的领英好友收到提醒消息。

就这样，现在你已经准备好把真实的你转换成虚拟的你了。

# 本章小结

　　第五章专门介绍了领英——传递你给别人的第一印象的最强大的在线平台之一。你明白了可信度和受欢迎程度的重要性，并准备将学习成果转化为行动。

# 第六章
# 创建优秀的职场社交平台档案

## 施展数字魔法的领域

你准备好打造你的数字个人品牌了吗？我们要利用"数字魔法"，创造数字版的自己。

在本章中，我将针对职场社交平台档案的最重要模块提供新的见解，并与你分享如何打造富有魅力且吸引人们眼球的职场社交平台档案。我的方法的原理就是要效率至上，所以我不会一个一个地讲述所有的模块，我只会重点关注那些对你成功与否有影响的最关键的因素。

## 不要错把完成当作完美

职场社交平台会给你的档案以100%为满分为其完成度打分。但这个分数并不是一个很好的衡量标准，它只是衡量你是否在每个内容选项里填写了内容。我见过很多平淡无奇的档案，得分都是满分。把重点放在你的档案的质量上，而不是仅仅填满所有项目。

最重要的模块，也是我们需要重点下功夫填写的模块，包括：

- 个人简介
- 联系方式
- 个人经历和技能专长
- 其他模块（尤其是推荐一项）

## 个人简介

无论你的档案如何花哨，其中有3个关键因素在传递你的第一印象和吸引人们了解关于你的更多信息方面起到了很大的作用。它们是头像、目前职位和"关于我"：

**头像**。你的照片能让人将你的面貌与名字对应起来，让你在让人捉摸不透的网络世界中显得真实。

**目前职位**。将你的目前职位当作一则广告。它的作用是博取人们的眼球。

**"关于我"**。这是能让你在数字世界中的人物形象更饱满的地方。令人感到惊讶的是，很多职场社交平台用户甚至都没有填写"关于我"这一项目。

我在这一章中用了很多篇幅来阐述这3个重要因素。如果你无法在这3个项目上做好，你就会错过职场社交平台的真正价值。下面，让我们单独来看看这些重要的因素：

## 你的头像

　　在这个世界上，大多数人在与我们面对面之前都是在网上结识我们的，我们的访问者想将面孔和名字一一联系起来。你的头像让你以一个真实的面貌置身于不可思议的网络世界中。此外，它能帮助你在职场社交平台上获得关注。

### 💡 趣味信息

　　《福布斯》杂志撰稿人玛西娅·莱顿·特纳（Marcia Lagton Turner）表示："领英报告称，领英档案中有照片的用户获得的领英档案浏览量是领英档案中没有照片的用户的21倍。"

### ✔ 可以与不可以
### ✘

　　可以付费拍摄职业照，也就是专门为了职业用途而进行拍摄。模糊不清、邋遢的随手照片会让你看上去是个不认真、不够真实的业余者。

　　不可以使用自拍。

　　你的职场社交平台头像应该增加你的档案的可信度，所以要显得更专业。这不仅仅是为了拍张照片，关键是要有合适的照片。采取以下方法优化你的职场社交平台头像：

　　**填满相框**。使用裁剪功能后，你的脸会占据头像中70%~80%的空间。记住，当你在职场社交平台上使用其他功能时（如你在领英上发帖时），这张照片将会以缩略图的形式呈现，位于页面的最顶端。因此，全身照片会显得太小、看不见，特别是在诸如回答这样的板块中。

**面朝正前方**。直视那个正在网页上浏览着你的相关信息的人。不要朝侧方看。你给别人的第一印象很重要！

**避免一副毫无生气的"职业"脸**。美国企业家罗恩·古特曼（Ron Gutman）的TED（美国私有非营利机构）演讲"微笑隐藏的力量"（*The hidden power of smiling*）引用了宾夕法尼亚州立大学（The Pennsy Lvania State University）的一项研究，该研究显示，当我们微笑时，我们不仅看起来更讨人喜欢、更有礼貌，而且实际上我们会被认为更有能力。所以微笑对提升你的可信度和受欢迎程度都有帮助！

请参阅第七章，了解如何在社交媒体上获得最佳照片的详细建议。

## 你的目前职位

优化目前职位的目的是让你的目标受众有想要继续阅读的想法。然而，大多数职场社交平台用户认为"目前职位=职位"。如果你不优化目前职位，就会让人觉得枯燥无味。

如果你把目前职位只和职位头衔挂钩，比如"高级经理，风险和合规"，你就把自己变成了一种商品——任何与你有相同职位头衔的人都可以替代你。要让目前职位为你所用，它应该说出你做了什么，并吸引人们更多地了解你能提供的服务。不要把重点放在自己，而是要放在你服务的人群

上。告诉人们你能为他们做些什么。此外，目前职位还需要
有与你的名字相关的关键词。在185字符限制下同时完成以
下所有目标：

**有关联性 + 忠诚度 + 精确定位 + 风趣幽默**
**职位头衔 + 公司名称 + 关键词 + 活力**

⭐ **小贴士**

把你的关键词放在你的目前职位头衔里。让你的目前职
位成为网络世界的"磁铁"。如果你想在职场社交平台搜索中
被人发现，在目前职位中填上你想要为人所知的关键字。目
前职位是此类平台的搜索算法中最重要的档案元素之一。

以下是一些有效的目前职位的例子：
- 第一关系类知名作者/指导&咨询领导者，提高企业和
  团队的效率和成效。
- 商务拓展与活动营销经理，为展览与活动打造持久印象。
- 人力资源主管，项目管理专员，吸引并招纳来自高精
  尖技术与项目管理领域的顶尖人才。
- 人力资源主管，报酬、津贴福利&人才发展领导者，
  与人沟通、培育领导者、塑造超级商业明星。

还有一个大忌：如果你目前正在求职，不要使用空洞的
目前职位，比如"寻求我的下一段宏大旅程"或"目前正在

接受新的机会"。这些描述都会不利于搜索（你的关键词在哪里？），并且暗示你现在效率不高，这会降低你对一些潜在聘用者的吸引力。所以，专注于你正在做的事情。如果你认为你什么都没做，那就是时候开始忙起来了。

## 你的"关于我"

在看完你的头像，阅读完你的目前职位后，人们会在平台上查看你的"关于我"。这一部分会激发他们的兴趣，让他们想要了解更多。

"关于我"是一个故事，一个属于你的故事。这个故事要富有趣味且引人入胜。它讲述了你对什么充满热情，以及你是如何为客户和同事带来价值的。它需要向那些第一次在网上遇到你的人表达真实的你。所以，请花点心思将体现你的个性的东西融入"关于我"中。

老派的"关于我"是由一堆零零散散的证书拼接而成。这个方法在今天不奏效了。你的"关于我"承担着给别人带来第一印象的作用，更需要用心优化。你需要利用它描绘自己的"三维肖像"，告诉人们，他们为什么要了解你。现在你可以看看第三章中的个人品牌故事，将其提炼成适合平台的格式。

 **心态重置**

旧观念认为，你的简历的第一行需要显示出相关性。你的目前职位已经显示了相关性。所以不要重复你在目前职位中已经告诉人们的内容，浪费与他们达成更深层交流的机会。相反，你需要引导他们主动了解你。

### ✔ 可以与不可以
✖

**可以**拥有自己的观点。个人品牌不是为了讨好所有人。要有胆量向世界展示你的看法。

**不可以**模仿。如果你写"关于我"只是为了与他人保持一致，那你就会沦落为复制品甚至抄袭者，而不是一位在职场汪洋大海中发光的职业人士。

"关于我"的前3行要能够吸引眼球。当有人查看你的"关于我"时，只能看到你个人见解的前3行。他需要点击这3行来阅读全文。如果前3行不耐人寻味，浏览者可能不会去看剩下的内容。

美国营销公司SP-bx的创始人迪伊·安·西姆斯（Dee Ann Sims）说："因为我们倾向于将自己的个人社交媒体账户视为'个人'，所以通过查看某人的个人资料，你很有可能发现他们在个人简历上没写的性格。"

你的"关于我"最有可能帮你和浏览你档案的人建立情感联系。它既可以吸引他人关注，也可以断送他人想认识你的想法。所以，把"关于我"写好很重要。为了让你入门，请看图6-1中的6个有用的提示。

1：目的
2：承诺
3：短促并列句
4：特定情景
5：热情
6：引人好奇的句子

**图6-1　6个让你拥有优秀的"关于我"开场白的提示**

我已经阅读了成千上万的职场社交平台的"关于我"，我意识到最好的"关于我"都应用了这6个提示中的一种或多种。以下是应用这6种提示的"关于我"的前几行的摘录，这会让你初步了解它们的作用。接下来，我将分享一些我读过的最真实、最不同、最有说服力的"关于我"的例子。

（1）目的。我的业务围绕人展开。我认为有兴趣比有趣更重要，我的使命是真正了解我遇到的每一个人，并与他们建立深厚且互相信任的关系。这一点也体现在我的个人生活中和我担任的网站开发客户经理的角色中。

（2）承诺。我提升业务绩效的动力是人。我的使命是找到世界上最有资历、最有趣、最投入的专业人士们，并将这些人才招入你的团队。我如何做到这一点呢？我天生富有好奇心，再加上我的权力、人脉和调研搜索能力，这让我得以发掘非凡的隐藏人才。

（3）短促并列句。终身学习者，具有企业家精神的忠诚企业员工，好奇的"万物科技"提问者。我的职称是产品研究员，但我的行为更像是老板。在这个岗位上，我致力于创新（特别是通过技术），并做出符合产品团队战略需求的决策。

（4）特定情景。我在硅谷的一家初创企业工作时，团队中的一名成员告诉我，一家新企业将人工智能与数据分析相结合，提供见解并预测客户的行动。我对于这家企业能带给我们销售团队的价值很感兴趣。

（5）热情。5、7、83，这些数字按顺序分别是我会说的语言的数量、我生活过的国家的数量，以及我访问过的主要城市的数量。身为一名外交官的女儿，成为世界公民是很容易的一件事。我四处奔波的生活方式和对旅行及多元文化的热情激发了我追求国际关系职业的热情。现在，作为……

（6）引人好奇的句子。我的业务正在迅速"下滑"。我是一名户外运动爱好者，以前是职业滑雪者，也是滑雪学院的创始人。滑雪可以缓解我生活中持续不断的压力。我致力于打造令人振奋的体验，帮助人们……

## 选择让人热血沸腾的开场白

看一看你在第三章准备的个人品牌故事，确定这里描述的6种开场白中哪一种最适合你。然后，准备你的"关于我"的开场白的前几句，它就像是游泳者准备游下一圈时为加速而反推的那堵墙，正确地使用它会给你所需的动力，让你完成"关于我"的其余部分——这是你的"关于我"中信息量最多的部分。

在你掌握了开场白之后，加入你在第三章中填满的6项内容清单元素中的内容进行汇编，或者只是编辑你在那一章中写的你的个人品牌故事的长篇版本。在你的"关于我"中，把5743个字符限制中的一部分留给2个真正重要的元素上：

- 常见相近词
- 专长

## 常见相近词

不要假设别人知道如何写你的名字，或者知道你改了名字。在你的"关于我"中加入所有已知的错别字、以前的姓名、昵称和别名。这样，即使人们不知道你名字的正确写法，也不知道你改名或使用昵称的事实，他们仍然会查找到你的档案。除了关注你的目标受众，别忘了你的平台档案的一个非常重要的读者：平台搜索引擎的搜索算法。

## 专长

在你的"关于我"中尽可能频繁地重复你的关键词。要做到这一点，一个简单的方法就是把你想要联想到的词按重要性顺序列在"关于我"的底部。记住要写与你下一步目标相关的关键字。虽然个人品牌建立在真实性的基础上，但还有一个重要的因素，就是要有雄心壮志。让自己保持与未来目标的相关性。

## 完成个人简介

当你改善、强化以上项目时，你的个人简介就会从平庸变为令人惊叹，从"还行"变为"优异"。你给那些浏览你的个人简介的人留下了一个强大的第一印象。

当你对你的个人简介草稿感到满意时，通过以下2种方法来检验：获得反馈，以及询问自己问题。

### 获得反馈

确定至少3个能提供真实反馈的人，他们可以是：

- 你的目标受众之一。
- 希望你成功的导师、商业教练或者值得信任的顾问。
- 熟知你的非常要好的朋友或者家庭成员。

### 询问自己问题

利用下面"重点思考"板块中的问题作为参考。

### 💭 重点思考

我的个人简介是否优秀？阅读你的个人简介，重点关注其内容。

- 阅读前几句话是否让我想继续读下去？

- 是否真实（真正地描绘了我）？

- 它是否让我在同行人（与那些跟我追求目标一致的人）中出类拔萃？

- 是否有相关性（解决了我试图吸引的人的需求）？

- 是否包含个性（与和我一样风格的人产生联系）？

- 人们是否能通过看我的个人简介清楚地知道我如何提供价值（除了列出的一堆成就之外的价值）？

- 是否令人信服，并有一些趣味或者出乎意料的事实和细节，让读者想进一步了解我？

- 是否美观？不同的内容是否有小标题？

- 语法和标点是否正确？

- 是否包含我希望他人了解的关键词？这一点极其重要，能够让你与他人的需求挂钩，并确保你出现在搜索结果里。

- 我是否加入了一些证明（比如"人们说我是……"或者摘引一次自己获得的优秀评估成果或工作奖项）？

最后，完成你的总结，根据你收到的反馈和你发现的问题对你的个人简介进行编辑优化，然后将最终版本上传到你的档案中，之后就请享受你在平台上收到的精彩评论吧。

看看布兰迪的总结吧。这是她根据在第三章中的所学所得出的，并且她使用了优秀的开场白中的第4和第6种（特定情景和引人好奇的句子）。

### 👤 布兰迪头脑风暴

我十岁的时候成功说服了爸爸，让他允许我吃一只炸蟋蟀。他当时正在泰国出差（说服他带我一同前往泰国是我的另一项"功绩"）。他开始反对，说如果他点了炸蟋蟀，结果我不喜欢吃，他可不想浪费时间和金钱点别的东西给我吃。我提出了我的观点："如果我出来旅行，却只能吃我们在家里吃的东西，不吃点儿特别的，那旅行还有什么意义呢？"

我最终喜欢上了街头小贩做的每一道菜，这段经历激发了我毕生的热情，我开始试图深入了解任何新的文化，在毫不掩饰的好奇心的驱使下，在相互尊重的基础之上与新文化建立关系。

时至今日，我在业界享有"说服者"的称号，而我的成功离不开我的找出不同点并发掘全新的市场机会的能力。我的方法实现了全球广告宣传，在减少客户媒体支出的同时，带来了50万美元的新业务，我的团队长期支持我，也许是因为我始终将首要目标定为不断产生和实现新的创意。

## 联系方式

你需要让人们能更方便地联系到你，更多地了解你。

首先，编辑你的职业档案链接。然后，添加你的其他联系方式（电子邮箱地址、电话号码、社交账号等）。最后，利用3个网站链接，把人们引导到你希望进一步强化或拓展个人故事的地方，你可以引导人们去看的内容包括：

- 你所在的企业的企业网站（证明你对聘用者的忠诚）或者企业网站中介绍你的工作的页面。
- 你主演的视频。
- 你撰写的，或者引用你的语句的文章。
- 其他证明你做过的工作的例子。
- 你的社交媒体账号。

# 个人经历和技能专长

要在互联网上塑造个人品牌，你需要告诉人们是什么让你与众不同，你需要用别人的意见来证明你的自我评价。以下3个项目可以作为外部证据来进行此类证明：

- 工作经历
- 教育经历
- 技能专长
- 推荐信

## 工作经历

你的经历模块允许你补充在个人简介中所写内容的更多详细信息。对于每个工作经历，记得选择你曾就职的企业，这样企业的标志就会显示出来。

✔ **可以与不可以**
✘

**可以**想清楚你当下想要人们认识你的哪一点，以及在未来，是什么能让你保持相关性。确保你的平台档案的字里行间都能体现。

**不可以**列举所有你曾从事的工作。省略那些无法体现你当下价值的工作。

## 教育经历

列出你接受的所有教育，包括毕业后完成的继续教育。从展示你的学校开始，这是另一种为你的平台档案添加证明（以及学校标志）的方式。

## 技能专长

技能专长可能看上去很老套，但是人们评价他人是基于他们受到认可的技能，而职场社交平台展示这些技能的方式会给人带来视觉冲击。当别人查看你的档案时，只有3项精选技能会出现。他们需要点击"其他××项技能"才能看到你的其他技能，但你要突出显示你希望别人看到的你的3项最重要的技能，这一点至关重要。

⭐ **小贴士**

给你的技能重新排序。大多数人不知道这一点，即职场社交平台允许重新给技能排序，根据技能对你的重要性顺序显示（与技能获得的认可程度无关）。选择那些能提升你的个人品牌形象与事业形象的技能，并把它们放在前3名的位置上。然后获得他人对你的这些技能的认可。

该果断时不含糊。我的意思是要学会删除那些只会浑水摸鱼的技能专长。个人品牌塑造需要专一和毅力。

## 推荐信

当别人称赞你时，他们帮助你增强了信誉，从而强化了你的个人品牌。某些平台的推荐信功能可以帮助你证明你在档案中的自我评价。最有力的推荐信应尽可能多地满足以下这些标准：

**推荐内容。**有用的推荐不只是金句。这些语句应该能强化你希望展示的一面，能成为证明你能力的有力证据。

**推荐人。**在社区备受尊敬的人，或者拥有高级职称的人的推荐，会更有含金量。

**推荐人的工作地点。**当你的推荐人来自一个著名、备受尊敬的企业时，他们的个人品牌价值会让你的个人品牌显得更有价值。

你如何获得推荐呢？首先，确保你希望获得推荐的人在你的职场社交平台人脉中。

✔
✘ **可以与不可以**

**可以**使用个人或工作电子邮件等易被推荐人看到的方式去申请推荐。你很有可能会得到回复，这让你有机会获得他们写的推荐信。

**不可以**在平台内部发消息寻找推荐，除非你询问过你的推荐人，得到他的同意，可以通过平台发送请求。忙碌的人经常会忽略来自职场社交平台的信息。

要使你的推荐信强化人们对你的关联印象，请在你提出写推荐信的请求时，提醒对方自己能为推荐人提供怎样的价值，甚至提供推荐信的基本草稿，并附上如下注释：

我知道您一定很忙，所以我非常乐意为您写一份提纲甚至是草稿，您可以在此基础上编辑修改（当然也可以重写），希望这能让您不用在此事上花费过多的时间和精力。

然后，在你的推荐信草稿中，突出那些最有助于巩固你的个人品牌的属性。当然，你需要展示这些属性！

即使你的目标推荐人们选择忽略你发来的信息，你的信息和推荐信草稿也很可能在他们未来准备给你写推荐信时影响他们的想法。

### 其他模块

在其他模块中，推荐一项尤为重要，因为它也可以作为一项外部证据，来证明你的自我评价。

## 其他相关内容

你不需要我或这本书的帮助，也能完成你的平台档案中的剩余内容，包括出版作品、志愿者工作的细节等。平台的帮助中心将为你提供这些问题的答案。因为这些部分内容十分琐碎，所以人们会禁不住在上面花费大量时间。请克制住这种冲动，将你的时间和精力花在打磨本章深入介绍的关键模块和项目上。

✔ **可以与不可以**
✘

**可以**知道完成与完美的区别。不要把关注点放在如何填满所有空格，而是要更多地关注如何让你填写的内容有意义。

**不可以**将职场社交平台的档案完成度作为衡量你的档案是否优秀的标准。

## 职场社交平台之外

在我们进入下一章，从文字转到图片之前，还有一件事要做：把你学到的有关于数字第一印象和职场社交平台的要点运用到其他社交媒体上，利用这些社交媒体，你可以进一步打造属于自己的个人品牌。

归根结底，你应该选择那些能帮助你向重要的人传达你的价值的工具。我们将在第四部分更多地讨论这些工具，但现在，我想专注于在大众社交媒体上打造一个强大的第一印象。以下是你要做的：

（1）获取你的个性化链接。

（2）设置你的个人资料。

（3）添加你的头像和个人签名。要与你的风格和平台类型相关。

至于像推特一样的社交媒体，即使你认为贾斯汀·比伯这样的娱乐明星比你更适合发推特推文，这类社交媒体也是能帮助你提高网络知名度的工具——即使你还没有任何粉丝。

写推特之类的社交媒体的个人简介是一个很好的品牌推广练习，因为你需要把个人品牌提炼成有限的字符。而且你有机会让你的行文天马行空。在下一个"重点思考"中，我分享了收集原始内容来写个人简介的过程。

### 💭 重点思考

我在大众社交媒体的个人简介中应该写什么？

• 我希望在这个频道上影响哪些人？我身上哪一点是有趣的，是与那些人有关的？

• 我希望自己身上的哪3件事为人知晓？

- 我的个人品牌差异化在哪里？
- 我对什么保持热情？
- 我怎样验证自己的说法？

### 布兰迪头脑风暴

布兰迪针对这些问题的答案：

- 我想为我们的全球营销机构争取新客户……而合适的客户是：能带来高利润，最好是来自科技行业和其他成长型行业。我已经准备好成为这里的副总裁，发挥更大的影响力。我了解许多有趣且有用的国际专业知识。

- 我好奇心强、富有创造力，而且善于合作。

- 我是劝导者。

- 帮助人们理解差异可以让人类变得更强大，它帮助我们弥合彼此的差距。世界上存在太多的分歧。我喜欢从事全球营销工作，因为我认为自己是一个大使。我帮助传递的信息架起了沟通的桥梁。

- 我的广告品牌活动成功了。有大量的数据表明，我的策略提高了销量、刺激了销售。


布兰迪的推特简介：

我是一个屡获荣誉的全球营销人员，我勇攀高峰，让有反对意见者也愿意信服，并激发改变传统规则的合作。人生，就是一项团队运动。

以下是我的推特简介——一共61个字符：

首席执行官兼首席激励官、个人品牌专家、励志演说家、畅销书作家、唯美主义者、都市人、多滋乐①糖果的忠实粉丝、永远的乐观主义者。

## 本章小结

看完本章后，你是否感到成就满满？在第六章中，你将个人品牌化活动的重点放在提供强大的，并与真实个人品牌保持一致的数字第一印象上。你通过职场社交平台档案，将自己介绍给品牌社区——这个档案会让你的同事羡慕不已。

---

① Twizzler，美国知名甘草糖品牌。——编者注

# 第三部分
# 生动的你

人类具有难以置信的视觉和力量。活动影像能帮助我们探寻意义、定格我们周围的世界并为其提供情景。

——丹·帕特森（Dan Patterson），
美国广播公司（ABC）数字平台经理

## 📖 要点提示

随着你的个人品牌从真实到虚拟的翻译过程的结束，现在我们要考虑的是增强你的交际吸引力了。在本部分中，我们将讨论使用图像、视频、颜色和各种技术来使你的交际更有说服力和吸引力。具体地说，我们将讨论：

**图像**。你的头像和其他图像如何塑造真实的你，如何让你与在线社区建立更深的联系。

**包装**。如何为你的品牌进行合理包装。

**视频**。如何使用除了面对面交流之外，这一最强大的交流工具之一。

当你将从第三部分中学到的知识应用于第二部分中你打造的虚拟个人形象上时，你将具备所有打造社区和强化个人品牌的条件。然后，你就准备好了加快迈向成功的步伐，我们会在第四部分中介绍这一点。

# 第七章
# 运用图像的力量

## 描绘自己

当人们只能使用文字交流时，坦白说，文字会让人觉得枯燥无味。电子邮件尤其令人厌烦，不是吗？

这种简化的语言表达方式剥夺了交流过程中的一些细节和意义。不管你使用多少表情包图片或者表情符号，都无法掩饰信息传达的贫乏。

最强大的交流方式是面对面谈话。但随着世界朝着虚拟化发展，面对面交流的机会将越来越少。

为了让你的数字个人品牌被大众看到、听到，获得大众的理解和欢迎，我们非常有必要构筑内容丰富的媒体个人形象。传播学学者W. 霍华德·利维（W. Howard Levie）和理查德·伦茨（Richard Lentz）的开创性研究发表在包括《教育传播》（*Educational Communications*）与《科技期刊》（*Technology Journal*）在内的各种学术出版物上，这些研究强调了视觉对我们的深刻认知和情感的影响。从认知上讲，图像加快了交流速度，提升了交流水平，增进了理解、印象和记忆。在情感上，视觉通过刺激我们的大脑来激发我们的想象力，提高我们的创造性思维能力，这会转化为更深入和更准确的理解。

想要让人们在数字世界中了解你，图片和视频是你强有力的交流工具，它们帮助你传达你的个性、信息和风格。

在本章中，我们将把重点放在图像上，特别是摄影，以及你将用来创建自己的数字设计和个人品牌的照片元素。然后，在第八章中，我将使用这些概念来帮助你定义自己的个人品牌识别系统。在第九章中，我们将把注意力放在视频上，综合所有所学的知识，呈现最终的视觉效果。

在迈入令人兴奋的图像世界之前，我们先调整一下心态。

### 🧠 心态重置

过去，你所在的企业在你的职业发展上投入了时间、金钱和其他资源。而那已经是过去了。你现在是"个人企业"的"首席执行官"，你需要为这些职责分配资源。如果你发现自己想在视觉效果上省钱（难道我们就不能用手机快速自拍一下，然后把自拍当作头像吗），问问自己，你是否愿意为一位在品牌中最显眼的元素上省钱的首席执行官工作？拍摄一张专业的职业头像，甚至聘请一位平面设计顾问的费用，都不是无故的费用支出，而是有回报的投资。

你需要愿意（兴奋不已地）为你的职业投资，不仅仅是在视觉效果上投资。以下是你需要投资的项目：

- 体现个人品牌的营销材料（头像、宣传资料和作品集）。
- 帮助优化个人品牌的学习——在关键领域的职业发展培训。
- 体现个人品牌的环境，不管是你的办公室（尤其是会被作为视频会议背景的办公室区域），还是你选择与客户面对面沟通要用到的咖啡厅。

# 你的图像

我们先从图像开始。是时候花钱在艺术上投资了，特别是要投资你自己的照片。

## 展现你最好的面容

头像让你在虚拟世界中显得更为真实——网络之地的变幻莫测常常饱受质疑。如果你的照片能增加真实性，人们更可能相信你的自我描述或分享的内容。我的客户告诉我，他们会避开没有头像的人。比如，领英的研究证实了一点："带有头像的领英档案的浏览量会增加21倍。"

☆ 小贴士

拍一组照片集。和摄影师约定拍摄时要制订计划，使用不同的服装组合拍一系列不同的头像。你会在不同的社交媒体上使用你的头像，拍一系列不同的头像能帮助你在不同的场景中都能呈现合适的形象。不同的背景也有助于增加多样性，同时能展示你不同的一面。

## 并不是所有的头像都有一样的效果

一些人在将头像上传到自己的社交媒体的个人资料中时，并不够重视。他们在手机或笔记本电脑上浏览自己的照片库，然后挑选一张，仅此而已。我见过很多头像，让我不是想与它的主人建立联系而是想避开。我要分享的正是你需要考虑的，那就是怎样设置你的头像才能让你在那些浏览你个人资料的人眼中变得真实，变得很受人欢迎。

✔ **可以与不可以**
✘

**可以**付费聘请职业摄影师。提前了解一下他们的摄影作品，确保你喜欢他们的风格和最终会呈现出的照片效果。

**不可以**使用你用手机随便拍的照片，或者使用家庭聚会时身边人给你拍的照片。

好的头像应该是：
**关于你的**
• 不要使用合照。你希望展现自己的团队合作精神，或者你喜欢小孩，这是一件好事。但是职业头像需要只与你自己有关。

- 不要用品牌标识代替你的脸。哪怕你对自己所在的企业感到非常自豪，使用品牌标识传达的信息就缺少了人性的一面。请把品牌标识放在和企业形象传播相关的文件上，确保你的头像位于正中央，面朝前。
- 不要使用从与他人的合照中截取的头像。在你的头像中看到某个人的一截手臂，或者其他人的头发，会让人感觉不太好。

### 职业的

- 不要使用自拍。
- 使用的照片要传达你的职业价值。
- 服装搭配要吐露你的个人品牌价值，并与你希望关注你的人有相关性。

### 多样的

- 不要让你的社交媒体上的头像处是空着的——这会让你给人不真实的印象，让你在这个虚拟世界中显得不可信。
- 在不同的平台上要使用不同照片作为头像，保持其与平台的关联度，并且展现自己的个性。别人用搜索引擎按图搜索时，出现的结果应该是略微不同的头像，而不是同一张照片重复出现10次。

### 当下的

- 不要使用十多年前拍摄的照片，哪怕这是你的最爱。
- 确保他人在看完你在互联网上的照片后，在人潮拥挤处与你第一次见面就能认出你。

## 准备头像

微笑总是受欢迎的。

——马克斯·伊斯曼（Max Eastman，美国编辑）

我与许多企业打交道，帮助他们的员工建立了出色的领英档案，因此我也看到了很多头像。既然你已经确认自己需要职业照，以下就是你要做的事。

**面朝前**。照片中的你要直视那些在网上浏览你照片的人的眼睛，避免侧面轮廓和阴影镜头。

**笑一笑**。我们都知道向遇到的每一个人微笑、致以问候是多么重要。微笑也适用于二维的图像世界。温迪·帕特里克（Wendy Patrick）在美国心理健康网站今日心理学（Psychology Today）上发表的一篇文章中说："你的头像选择可以很快决定你的网络受欢迎程度。即使你英俊得令人难以置信，你的一张绷着脸的照片可能看起来更像是罪犯照，而不是一张迷人的照片。"

## ⭐ 小贴士

闭上你的眼睛。在要拍照前闭上眼睛几秒钟，然后睁开眼睛，慢慢提起嘴角。这有助于消除紧张情绪，让你恢复状态。

**挑选背景**。这是摄影计划的一部分。无论你是选择简单还是精致的背景图片作为你的照片的背景，它都必须能够真正地体现你的个人品牌形象。如果你想要清晰度，你可以选择白色背景，或者使用你的品牌颜色（更多关于如何选择最适合你的颜色的信息，请参阅第八章）。如果你不使用纯色背景，请确保你选择的背景包含的内容不会太花哨，以免分散观者的注意力。

## 优化你的照片

**使用修图软件**。修图软件方便快捷，可以帮你美化面容、形象。适当的修图，不要过度修图。你可以用修图软件去掉脸上的反光，修剪一撮乱发——只要确保照片看起来仍然保持真实就行了。

**裁剪**。在大多数社交媒体的个人资料中，头像会出现在圆形或正方形框中。它最终将作为个人资料的一部分出现，人们通常会通过手机的小屏幕观看它。这意味着你在设置头像时，应该把重点放在照片中你的脸上。裁剪你的照片，让大约75%的部分都是你的脸。这将帮助你与那些正在打量你的头像的人建立更深层次的联系。避免用全身照，因为那样做很难让头像产生满意的效果，尤其是头像在手机上显示时。

## 上传照片

你的照片只有在他人能看到的情况下才有价值，所以要上传你的照片至：

- 你的所有社交媒体个人主页——根据不同社交媒体的风格和受众选择合适的照片。
- 你的邮箱签名。如果你的企业不允许你这么做，在你的个人邮箱中加入自己的个人邮件签名并在其中加入你的照片。
- 如果你有个人网站，上传到你的个人网站。

### 📶 远程指导

如果你不和同事在同一地点办公，你的头像就会起到更重要的作用。将你的头像添加到电子邮件的底部以及你的所有在互联网上会出现的地方。此外，请确保在企业的每个通信工具上尽可能地添加你的头像。在视频会议平台以及所有其他合适的地方也上传你的头像。这样，即使你不在办公室，人们仍然可以在你在线上的所有交流中看到你的笑脸。

### ⭐ 小贴士

将照片命名为"你的名字.jpg"。在将照片上传到各种网站和社交媒体平台之前，请确保将文件命名为"你的名字.jpg"。虽然有些网站会更改上传照片的名称，但在许多情况下，你的照片文件名会保留下来。当你用你的名字命名照片时，有2个好处：（1）搜索引擎在搜索你的名字时，你的照片可能会出现在第一页（这要归功于整合搜索①）；（2）当有人用图片搜索你的名字时，会出现对应的照片。

## 除头像之外的图像

有成百上千种方法可以利用图像来打造你的个人品牌，还有无数的社交媒体平台可以供你利用去帮你用图像打造个人品牌——由于可讲的内容太多了，在这里就不赘述。我想分享的是我认为最有效的一种方式，可以用视觉效果将你的信息传达给需要了解你的人，这种方式就是利用信息图表。

### 💡 趣味信息

正如约翰·梅迪纳（John Medina）在他的书《让大脑自由：释放天赋的12条定律》（*Brain Rules: 12 Principles for Surviving and Thriving at Work, Home, and School*）中所说，当人们听到口头信息时，72小时后他们可能只会记住其中的10%。然而，如果是把相同的口头信息配以图像呈现，72小时后人们的记忆会保留65%。

---

① 指的是搜索引擎在搜索结果页面上同时显示多个垂直搜索内容，包括图片、新闻、博客等。垂直搜索是指针对特定行业互联网网页中特定信息内容的搜索。
　　——编者注

## 信息图表

当你想要建立你的思维领导力时，信息图表是非常有用的工具。为什么？文字和相关图像的结合使信息更具吸引力。眼球追踪技术的相关研究显示，阅读在线信息的人非常关注带有信息的图片。事实上，当图片包含信息时，人们会花更多的时间看图，而不是阅读图片上的文字，而且也更加愿意分享这些图片。根据美国社交媒体营销企业Hubspot的说法，在社交媒体上，视觉资产是最大的内容贡献者。

创建信息图表还可以让你将思维领导力拆分成更易于理解和分析的部分。如果你的工作有一个完整的流程或系统，最好利用信息图表进行解释。当你在演讲时，信息图表也非常实用。它可以结构化地展现你分享的内容，并让人们明白你当前所讨论的话题如何与全局联系。你可以给听你演讲的人发一份包含重要信息的信息图表讲义。当你在网上发布你的信息图表时，你就更有可能提高知名度。信息图表还可以增加高达12%的网络流量。

要创建信息图表，你可以使用Venngage（一款数据可视化工具）、Visme（一款协同办公软件）或Snappa（一款在线设计工具）等工具。或者，如果这是一个非常重要的信息图表，将拥有很久的展示时间，非常有助于提升你的竞争力，那么你可以选择聘请一位专业设计师。

发布信息图表很容易。你可以把你的信息图表发布到你的目标受众所在的任何可视化社交媒体上。关于描述本书内容的示例信息图，请见图7-1。

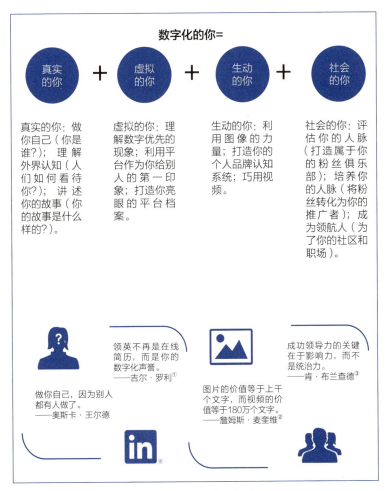

**图7-1 《数字化的你》示例信息图**

---

① Jill Rowley，美国资深B2B行业人员。——编者注
② James McQuirey，美国分析师。——编者注
③ Ken Blanchard，美国著名企业顾问、演说家。——编者注

### 布兰迪头脑风暴

信息图表就是这样。它为我提供了一个发挥创造力的机会，并且拥有非常强的说服力。我的其中一种说服方法就是运用数据说服对方。我会设计客户活动的信息图表，包括数据结果和分析。为了展示信息图表作为一种用来说服他人的工具的力量，我会把它们打印出来，贴在我办公室的墙上——这让我有了一面五彩缤纷的墙，展示了团队的努力和成功。

## 本章小结

你开始在互联网上绽放自信的微笑，流露出自然的表情，同时也知道了如何利用图像来吸引观众，现在我们已经准备好来谈谈你的品牌光环了——具体来说，就是你的个人品牌标志。

# 第八章
# 建立你的个人品牌识别系统

## 包装设计

我住在欧洲的时候，参加了英国广播公司（BBC）真人秀节目"上等套餐"（*Nice Package*）的试播节目。"上等套餐"指的是围绕某人的一切——在这档真人秀节目中，指的是你想要约会的人。在这部真人秀节目的试播中，我和一位年轻的单身女子查看了她的3个潜在约会对象的一切——也就是说，除了那3个男人本人之外的所有东西。我们一起逛遍了他们的公寓，和他们的朋友聊天，开着他们的车，去了他们最喜欢的酒吧，等等。我是这个节目的特邀个人品牌专家，任务是帮助她了解这3个潜在约会对象的个人品牌环境。

参加这个节目让我更加确信，你可以根据一个人周围的事物（以及人）了解到很多东西。因此，当谈到个人品牌塑造时，重要的是确保你周围的一切与"你是谁"以及"你想要如何被人所知"保持一致。当你真的做到了这点，你的品牌价值就提升了。当你的周边环境与你的身份不对等时，你就会给人们造成困惑，个人品牌价值就被稀释了。我们在第二章中讨论了外部感知元素，即人们对你的看法。在第十章中，我们将讨论你的个人品牌社区，即那些围绕你的个人品牌的人。而在本章中，我们将讨论哪些包装手法能有助于传递你的个人品牌。

具体地说，我们将讨论你的个人品牌识别系统——它是打造数字个人品牌最重要的载体。让我们从重新调整心态开始吧。

### 🧠 心态重置

包装不仅用于麦片盒和企业。就像企业聘用顶级设计师来创作高品质、格调一致的包装元素一样，你也应该把你花在"包装"上的时间和金钱看作是对你的职业生涯的一种投资，而不是一笔永远也收不回来的费用。要想从同龄人中脱颖而出，就不要吝啬时间或金钱。

首先，我们将讨论你的个人品牌标识中的各个元素。然后，我们将重点介绍如何将你的个人品牌标识应用到数字个人品牌传播中。

你的个人品牌标识是你的品牌视觉术语。得益于数字化趋势，它包含了能帮助你强化个人品牌属性的富媒体元素，包括视觉、声音、运动和其他元素，你将运用这些元素来包装你的个人品牌。这个包装有助于强化你的个人品牌属性并提升其辨识度。你的个人品牌标识由3个部分组成：视觉元素、音频元素和视频元素。

视觉元素包括：

- 颜色

- 纹理

- 图片

音频元素包括：

- 剧本

- 前奏

- 麦克风

我们将在第九章讨论视频元素。

现在，你可能在想：我不需要个人品牌标识。我在企业工作，并计划在我的职业生涯的剩余部分中都为某位男士（或女士）工作。这都没问题，但请记住我在本书开头讨论的职业趋势：

- 你很可能在整个职业生涯中频繁地换岗位，即便你成功地在同一家企业工作。

- 你所在的企业的寿命可能没有你的工作生涯那么长。

- 心仪的工作找上门比起找工作要容易得多。

- 数字个人品牌要求你表达的信息一致，并流露出数字化个性。

此外，你会建立一个社区（我们将在第四部分中讨论这一点），社区内的人员会将你视为一名娴熟的专家和思想领袖；这需要你使用一致的视觉系统来创造辨识度和强化记忆。

当然，当你代表你的企业进行沟通时，你必须遵循它的品牌识别准则，但对于你所有的人际交往来说，个人品牌标识是一个必不可少的因素。

## 选择你的视觉元素

现在，让我们来创造你的个人品牌视觉元素。

### 品牌颜色

颜色是你的个人品牌标识中最重要的视觉元素之一。这是因为颜色体现了品牌属性，能唤起人们的情感，并提升辨识度和人们对品牌的记忆。纽约大学教授亚当·奥尔特（Adam Alter）写了一本名为《粉红牢房效应：绑架思维、感觉和行为的9大潜在力量》（*Drunk Tank Pink*: *And Other Unexpected Forces That Shape How We Think, Feel, and Behave*）的书，他是这样说的："颜色能让人掏钱，能说服人，能哄骗人。"

下面是一项简单的测试：

请看表8-1左栏中的品牌，并写出它们的品牌颜色。

表8-1 说出它们的品牌颜色

| 品牌 | 品牌颜色 |
|---|---|
| 安飞士[1]（AVIS） | |
| 《乳腺癌研究》[2]（*Breast Cancer Research*） | |
| 国际商业机器企业（IBM） | |
| 麦当劳 | |
| 哈雷戴维森[3]（Harley-Davidson） | |
| 吉百利 | |
| 谷歌 | |

如果你的答案依次是红色、粉色、蓝色、黄色、橙色、紫色、红黄绿蓝四色，那么恭喜你，全答对了！这也证明了一个事实，那就是颜色可以传达统一的品牌标志。

## 打造品牌颜色

颜色可以拥有非常强大的力量，特别是在网络上，或者在所有你需要传达个人品牌信息却又无法亲自到场的场景中。当你制定了在所有人际交往中使用颜色的策略，并始终坚持用同一颜色，别人就会对你留下深刻的印象，你会在同行人士中脱颖而出。

当我说将颜色应用于所有人际交往时，我的建议是选

---

① 国际著名跨国汽车租赁企业。——编者注
② 美国著名学术期刊，和乳腺癌相关。——编者注
③ 美国摩托车品牌。——编者注

择一种颜色并始终如一地使用它。要克制住使用一盒蜡笔中全部64种颜色的冲动。当然，在我们上面的测试中，你可能已经猜到了谷歌品牌的4种颜色。但谷歌会有更多的资金来提高自己品牌颜色的知名度和认可度。此外，他们现在已经采用了多颜色品牌方案，所以对于你来说，多颜色的选择是不可取的，因为你还没有足够的财力和成熟的多颜色品牌方案。你的任务是为你的个人品牌选择一种最好的颜色。

**✔ 可以与不可以**
**✘**

可以选择最能代表你个性的颜色。

不可以选择你最喜欢的颜色，除非它正好表达了你的个人品牌形象。

每种颜色都有一定的个性特征。例如，黄色代表乐观，蓝色代表信任。选择最能代表你的个人品牌的颜色。你可能想回到本书的第一和第二章，提醒自己你的个人品牌最重要的一些特点——对你的目标受众来说是真实的、与众不同的、有说服力的。你的颜色可以是最能体现你的个人品牌特征的颜色，也可以是表达一个词的颜色，这个词对于说明你是谁以及你希望展现的那一面十分重要。

一旦你确定了最适合你的个人品牌颜色，选择你想要使用的特定色调或色度。潘通色卡①也许对你有所帮助。等你选出PMS（彩通配色系统）色值，就可以确定HEX色值。PMS色值用于印刷材料，而HEX（电子文件类型）色值用于数字应用。

既然你要在网上使用你的个人品牌颜色，我建议你选择一种网页安全色——最接近你用潘通系统选择的颜色。网页安全色一共有216种。它们之所以被称为网页安全色，是因为它们在各种硬件环境、操作系统和网页浏览器上显示的效果是一致的。

如果你觉得这一切都太"设计向"了，你完全可以低价聘请一位设计师（记住，这是一项投资！），他将为你办妥一切。

一旦你确定了自己的个人品牌颜色，每当你需要创造视觉交流的时候，你就可以应用它。例如，我为自己选择的主要品牌颜色是黄色，它散发着乐观和积极的气息。

## 颜色的使用方法

以下是一些利用颜色提升个人品牌差异化和给人们的记忆的方法：

- 如果可以，在你的个人网站、博客或者旅行博客上应用你的个人品牌颜色。

---

① 国际通用的标准色卡。——编者注

- 创建你的一套固定模板——信纸抬头、商业名片、信封等，在这些真实世界的人际交往中加入你的标志性颜色。
- 设计包含你的个人品牌颜色的电子文档或者演示文稿。
- 设计体现你的个人品牌的感谢便签。
- 在社交媒体个人主页的背景图中加入你的个人品牌颜色。
- 将你的标志性颜色设为头像背景色，上传至（职场社交平台或者其他大众社交媒体中的）在线个人资料。
- 将个人品牌的颜色设置为视频背景色，或者开头和结尾的背景色。也可以像IBM在电视广告上使用宽银幕模式，在视频上方和下方各设置一条颜色带。
- 用你的个人品牌颜色作为屏保颜色。
- 在你与所有联系人的通信邮件签名中使用你的个人品牌颜色。

## 应用纹理

我非常喜欢创建和使用一致的纹理。当你将它们作为个人品牌识别系统的一部分进行创作时，你可以在每次需要新纹理时轻松做出选择。

你可以将纹理应用于：

- 你的社交媒体背景。
- 幻灯片的背景。

• 你的语录或动态的背景。

使用能帮助你强化个人品牌信息的纹理。例如，如果你只关心技术，你可以使用线路板的纹理。如果你的业务范围是全球性的，用世界地图作为纹理可能会起作用。

## 选择品牌图像

你一定听过一句老话："图片胜过千言万语。"图片可以在很大程度上帮助你传达信息。因此，选择最适合你的个人品牌的图片。首先，要明确你喜欢插画还是摄影图片，这是你的个人选择，你只是需要一个统一的计划，这样人们就可以很容易地辨认出这份材料出自你手。

将图片加入你创作的每篇文章或博客中。根据美国内容营销服务网站Content Marketing.com的数据，带有图片的文章的总浏览量比没有图片的文章多94%。如果写文章需要耗费很多功夫，请添加图片以最大限度地提高你的个人品牌的可见性。

那么如何找到适合你的图片呢？以下是我最喜欢的一些免费、免版税（或低成本）的图片资源网站：

• Pexels（免费图片素材网站）

• Unsplash（免费图片素材网站）

• Pixabay（免费图片素材网站）

除了视觉元素，根据你计划用来表达个人品牌的通信工具，还有一些对你来说非常重要的元素。

## 关于包装真实世界的你

当人们打造自己的个人品牌时，我经常听到的一个问题是："我应该穿什么？"我不想让人觉得我太在意，也不想让人觉得我不在乎。这是我的见解。首先，请记住，这个问题不仅仅是关于面对面交流。发表主题演讲时，穿着会影响你的数字形象，因为你在发表主题演讲时，有人会拍照和摄像。

你可能请了裁缝来为你缝制西装，但"完美合身"不仅仅意味着改变接缝。如果你想弄清楚自己的时尚因素，"量身定做"意味着选择一件满足以下3个标准的服装（图8-1）。

**相关性：** 它必须适合你的目标受众，即那些做最终决定的人。如果你是一名销售高管，向硅谷初创企业销售产品，你可能不需要穿西装打领带，也不需要穿裙子和高跟鞋，但如果你向纽约银行销售产品，这些可能是较合适的着装。

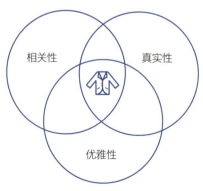

**图8-1 着装的三大标准**

**真实性**：这是属于你的个人品牌。换句话说，它能给你恰如其分的感觉。当你穿着感觉合适的衣服时，你会更自信，也在无意中强化了个人品牌。我曾和一位教练一起工作，他总是戴着各种各样、五颜六色的亮眼胸针。胸针成了每个人都期待她佩戴的配饰。

**优雅性**：这是你工作场所着装系列中的高端系列。每个工作场所都有一个服装系列——在华尔街，这个系列可能从运动外套和开领衬衫到西装、领带或者高跟鞋和裙子。在一家时髦的绿色制造业初创企业中，服装系列可能是短裤、T恤、人字拖，再到卡其布和纽扣领衬衫，或者宽松的裤子和衬衫。将你自己的服装定位于高端系列。

### 📶 远程指导

即使你在家办公，也要穿得像要去办公室一样。首先，这样做会让你产生不一样的心态。其次，当你参加视频会议时，你希望表现得很专业（而且你可能会在最后一刻突然被要求参加一个视频会议）。人们对远程工作的误解之一是，这些人们对工作态度不认真，把时间花在在家里做其他事情上，而他们在办公室现场的同事则埋头苦干。不要穿着睡衣出席视频会议，从而助长人们对远程工作人员的刻板印象。

# 制作社交媒体背景

无论是有人在职场社交平台上查看你，还是阅读你的推特推文，你都希望他们有相同的视觉体验。要做到这一点，你可以为你计划使用的社交媒体和其他交流工具制作一致的背景。

为了帮助你给社交媒体的个人资料创建一个引人注目的个人品牌背景，以下是一些实用工具。

**可画（Canva）**：这个设计工具可以让你轻松地创建背景。在"你想创建哪种设计？"的搜索框中，输入你想要的某种设计的相关内容，它就会生成一个尺寸合适的画布。

**懒设计（fotor）**：懒设计有一个内置选项，可以为你的社交媒体工具创建背景。这使得你可以很容易地进行设计，并将设计产品应用于你的在线个人资料中，让你的在线主页拥有统一的外观。将选定的照片拖到相应位置，编辑工具将帮助你完善你的艺术作品。

**Adobe Spark（一款设计软件）**：Adobe Spark是一个照片编辑和设计工具，内置一些社交媒体背景的模板。它拥有图片库，也允许你上传自定义图片。

**PhotoFunia（一款在线图片编辑工具）**：该工具通过为照片添加夺人眼球的背景图片模版，包括杂志封面、广告牌、美术馆和电影海报，让你的照片给人留下深刻的印象。它有很多吸引眼球的特效。将你通过PhotoFunia创建的图像和PicMonkey的拼贴生成器功能结合，会让浏览你的主页的人因你的设计而惊叹不已。

**Pixlr手机版（一款图像编辑器的手机版）：** Pixlr手机版是一款移动应用程序，有裁剪、创建拼贴的功能，并能为你的图片添加特效。

你的背景图不需要完全相同。事实上，稍加改动就可以让你的背景图更贴合对应平台的属性。但当你使用个人品牌标识创建背景图时，很明显，你所有的社交媒体都与你相连。

以上所有工具不仅有助于创建背景图片，当你开始为社交媒体账户创建视觉类帖子（图片或视频等）时，它们也将是非常有价值的工具。我们将在第四部分中讨论所有这些内容。

## 自定义电子邮件签名

在传达个人品牌时，还有一种你必须考虑的交流工具，那就是无处不在甚至让人有些厌倦的电子邮件。

除了要确保你说的话和说话的方式能反映你的个人品牌，你也可以给自己的电子签名和电子邮件打上品牌烙印。不同的企业对于自定义邮件签名的规定不尽相同，从"做任何你想做的事"到"遵循特定规则"的都有。对于那些有一定权力或者完全有权定制电子邮件签名的人，以下是你可以定制电子邮件签名的方法。

以下是一些重要元素：

• 你的名字以及职位头衔和所在企业。

- 联系信息。让人们能轻松联系上你。包括你的办公电话号码，以及你所在企业的网站。
- 品牌标识。包括你所在企业的品牌标识。
- 你的社交媒体账号超链接。尤其是领英账号的超链接。

### 🛜 远程指导

将你的照片添加到电子邮件签名中。记住，因为你在远程办公，你的同事没有机会在企业的咖啡机旁看到你的笑脸，所以如果企业允许，在你的电子邮件签名中加上照片，可以变相地提醒收件人你是谁。

## 选择你的音频元素

音频能发挥什么用处？音频是赋予个人品牌生命力的重要媒介，因为当人们聆听你的声音时，他们会在脑海中形成你的视觉形象，这会强化你在培育个人品牌标志过程中形成的情感联系。

那么如何着手在你的视觉组合里添加音频元素呢？一个词：网络电台。

### 编写剧本

如果你是网络电台的粉丝，并且认为网络电台是你接触目标受众的有效途径，那么你就需要高质量的网络电台内容。你可能没有时间定期制作30分钟的网络电台节目（如果内容真的很棒，你的观众才会真的收听30分钟）。比起一个小时漫无边际的说话和自我推销节目，定期提供2～5分钟，并且提供真正见解的网络电台内容，更有可能帮你培养出一批追随者。

无论哪种方式，你都需要为每个网络电台制订一个可靠的计划，写节目剧本。剧本并不一定意味着你要写下你想说的每一个字，然后大声朗读。如果你的嗓音很动人，这可能会很有效，但剧本可以只是针对听众喜爱的内容制订书面计划。你可以先从即兴演讲开始，然后再阅读你所在领域的新动态的数据。你可以用你的网络电台进行专家连线（当然，也可以传播专家的品牌），你可以录下他对所在行业当前话题的解答。有无数的内容资源可供网络电台节目选择。在开始之前，只要确保你有一个很棒的计划，并选择能引起观众共鸣的材料，同时建立一个令人难忘的强大人物形象。

## 选择开头曲

确保网络电台的开头和结尾都有音频缓冲（一种特殊的音效或一系列仅持续几秒钟的音符）。这种做法能营造一种专业和精致的氛围，统一的音频提示将与你的个人品牌联系在一起。如果使用得当，它会让你的录音内容变得容易辨认和令人难忘。你能哼唱4个音符的英特尔广告音效吗？这就是一个好例子。

我最喜欢的免版税音乐网站是envatomarket（一个免费音乐网站）。搜索品牌标识（Logos Idents），然后选择能传达你想要传达的情绪的音乐。

## 录制音频

你的电脑肯定有内置麦克风，或者你也可以使用手机应用程序进行录音，但拍摄专业照片的原则也适用于录音：糟糕的录音质量让你看起来和听起来都像是个业余爱好者。如果你对当前设备的音质不满意，一个高质量的数字麦克风可能是一项不错的投资选择，你可以用它将录音导出为可上传的文件。

就像你的头像的背景很重要一样，视频的背景噪声也很重要——事实上是不应该有任何背景噪声的。一定要确保在没有警报声、狗吠、喧闹声的空间里录音。

不确定如何将你的音频（缓冲音频、录音和其他元素）加入到网络电台中？苹果电脑自带库乐队（GarageBand，苹果的一款数码音乐创作软件），微软系统用户可以下载其他免费音频处理软件。这些程序都可以用来删除突兀的转场音，减弱你的缓冲音频的音量，并进行其他音频编辑。如果你不想消磨时间，那就花钱请一位音频剪辑师，他可以将你的素材混剪成属于你的个人品牌的佳作。

 **布兰迪头脑风暴**

那么布兰迪在她的个人品牌标志中加入了哪些元素呢？

- **颜色**：橙色。因为橙色代表决心。
- **纹理**：表现了全球化与现代化。
- **图片**：布兰迪选择了摄影图。她的理由是，摄影图更加复杂、精致，她可以使用自己游历全世界时拍摄的照片。
- **音频**：布兰迪希望开办一个网络电台，能够为如何合作与建立和谐团队提供建议。

## 本章小结

现在你已经明白了包装对于强化你的个人品牌的重要性，并且已经确定了自己的个人品牌颜色、图片等。太棒了！一旦你将个人品牌标志应用到所有这些元素中——从你的外表到你的声音，你就在与你的社区一起巩固你的个人品牌方面迈出了重大的一步。现在你准备好让自己的个人品牌更上一层楼了。

# 第九章
# 巧用视频

## 准备好你的特写

视频是建立个人品牌的过程中至关重要的一环。我非常热衷于视频。这是因为它是建立个人品牌的最好的工具之一，当然，仅次于让人们亲临现场的活动。事实上，远程工作之所以能够变为可能且让工作效率提高，可以说视频的强大功能和可用性功不可没。

### 心态重置

视频不仅仅属于电视名人，也不是首席执行官们的专属，它不是你要害怕或回避的东西。视频是每个有事业心的专业人士最好的朋友，也是让你在虚拟世界中真实存在的最强大的工具之一。

## 选择视频的8个原因

当我谈到视频时，我指的是同步视频（使用实时、同步通信工具）和异步视频（在社交媒体上制作、编辑和共享视频）。这2种视频对你的数字个人品牌都很重要，也价值非凡。

即使你的家庭办公室远在2000千米之外，同步视频也能让你置身会议室。当你在视频会议上分享最新消息时，你就如同在会议现场一样，能够传达令人印象深刻的信息。在一对一通话和小组会议中，养成使用视频会议的习惯，以提高你的影响力，帮助你在同行中脱颖而出。

异步视频是展示你的思维领导力并确保你的表达脱颖而出的强大工具。它比书面语言更吸引人，可以让你以你用文章、白皮书或其他基于文本的交流方式几乎不可能做到的方式来展示你的热情、能量和个性。

"好了，德米尔先生，我准备好拍特写了。"

这是葛洛丽亚·斯旺森（Gloria Swanson）在比利·怀尔德（Billy Wilder）的电影《日落大道》（*Sunset Blvd.*）中结尾的名句。但别担心，你不需要像《日落大道》女主角诺玛·戴斯蒙德（Norma Desmond）那样，成为一个极富戏剧性且吸引眼球的女演员。事实上，恰恰相反，你将使用视频与他人建立联系并为他人提供价值。

### 💡 趣味信息

180万字：詹姆斯·麦奎维在弗雷斯特研究公司所做的研究报告《视频将如何接管世界》（*How Video Will Take Over The*

World）显示，一分钟的视频拥有180万个单词拥有的价值。

为什么你需要把视频作为你最好的朋友：

**视频可以建立信任。**有效的个人品牌塑造就是与他人建立联系。视频是仅次于人与人之间面对面互动的深层次交流方式。与基于文本的交流相比，用视频交流可以带来更深层次交流。视频还能通过文字（甚至是音频）无法做到的方式传达你的个性。这是因为视频可以让你实现更为完整的交流。

**视频可以促进团队合作。**当你完全通过电子邮件、短信和即时消息进行交流时，你很难感觉到自己是团队的一部分。但当你使用视频进行交流时，你会感觉到与同事的联系更紧密、更投入了。通信和技术企业宝利通（polycom）根据一项全球研究了解到，有92%员工表示视频协作实际上改善了他们的团队合作。

**视频正在脱颖而出。**它可以帮助你从无数依靠文字分享信息的人中脱颖而出。你的许多同行或竞争对手还没有使用视频。大多数人都没有个人视频主页。当你将个人视频整合到品牌传播中时，将很快拥有竞争优势。随着全世界的竞争日益激烈，这一点变得尤为重要。当你掌握了视频，你就可以让自己在同业人士间脱颖而出。

### 📶 远程指导

在远程办公时，要坚持让会议以视频方式进行。如果你是会议的负责人，用视频会议代替电话会议，这样即使你不在线下会议的现场，也可以做到"如临会场"。如果不是会议主持人，请建议会议组织者采用视频会议。

**视频受欢迎程度高**。作为消费性信息的媒介之一，许多人更喜欢视频而不是文字。视频覆盖了85%的美国互联网用户。根据《福布斯》（*Forbes*）的数据，59%的高管爱看视频胜于短信。每隔60秒，就有总时长72小时的视频内容上传到YouTube，45%的人每周观看脸书或YouTube视频的时间超过一小时（2018年）。从技术上讲，YouTube不是搜索引擎，但根据互联网数据资讯网Socialmedia today的数据，YouTube上的日搜索量超过了雅虎和必应的总和。

**视频至关重要**。视频是评估的一种方式。如果你一直避免视频，以为不用盯着摄像头就能混过去，那么请你再三思量。企业正在将视频应用到招聘过程中。一些企业正在与相关企业合作，应用这种招聘方式，这将彻底改变传统的面试方式。一些企业正在采用实时视频面试，而不再让候选人坐飞机去总部面试。其他企业则通过让考生提交视频在视频中回答一系列问题的方式来面试，而你在这些视频中的表现将决定你是否进入入围名单。

**视频易于制作**。制作、编辑、存储或共享视频不再是一件困难事。不久前，制作高质量的视频还是一项挑战。你需要进入演播室，聘请一名剪辑师，并扩展你的电脑存储空间。由于网速限制需求，共享和观看视频的感受不尽如人意。今天，有了内置的高清摄像机、视频编辑应用，以及YouTube等社交媒体平台，你自己也可以制作出优秀的视频。此外，视频的主题也越来越丰富。越来越多的休闲视频不但为人们所接受，而且正在成为人们日常的常看内容。但视频网站不仅仅是一个娱乐平台。几乎每个大企业都会拥有视频网站主页，大多数业界知名人士也是如此。

**视频的强大传播力**。当你努力传播个人品牌时，你希望它被人接受。创建引人入胜的视频内容，并在你首选的社交媒体渠道上分享，这样的方式远胜过其他交流方式，这是因为这样的方式能增强你想要分享的内容的可视性。社交视频的分享次数比文本和图像加起来多大约12倍。比如，在领英上，视频的分享频率约是其他形式的内容的20倍。

**视频就是未来**。视频是增长最快的通信方式。随着越来越多的企业继续允许（甚至鼓励）员工远程工作，他们在视频工具上的投入也在增加。由于你将来可能会在某些时候或全程进行远程工作，因此熟练掌握这些视频平台将是至关重要的。

仍然不确定视频是否适合你？那么请看下面的重点思考。

### 💬 重点思考

视频是否适合你？记录你回答以下问题时给出的"是"的次数：

- 我是否（或能否）在镜头面前表现从容？
- 我是否是远程工作者，是否超过一半以上的办公时间都不在办公室？
- 和我经常一起工作的同事（团队、客户、商业伙伴）是否和我在同一地点协作？
- 我是否经常要分享复杂的信息、概念或者故事？
- 我是否希望自己的表达在同事或者竞争者中脱颖而出？
- 我是否经常销售产品、分享想法或计划？
- 我的受众是否比起用书写的方式通信更偏爱用视频的方式沟通？
- 我的演讲或者展示技术是否高于书写？
- 比起书写我是否更喜欢演讲或展示？
- 我是否希望建立我的思想领导力，或者成为某个主题的专家？

如果你对于以上任意一个问题的回答是"是"，那么请考虑使用视频。如果你对于5个以上的问题的回答都是"是"，那就使用视频媒介！

视频是仅次于面对面交流的最佳交流方式之一。那么，你如何使用视频来帮助你脱颖而出，并与人们建立联系，特别是那些有价值的人呢？

# 工作中12种使用视频的方式

以下是在你的通讯策略中应用视频的一些方法，这些方法既机智有趣，又易于实施。选择那些能引起你的共鸣的视频，并试着用视频产生影响。

**1．团队消息实时更新**。你是否希望你的团队关注你在常规工作中传递的消息？如果希望，那就请使用视频。我的一位客户所在的团队是一个全球团队，她的团队中只有一名成员与她在同一地方工作。每个周日晚上，她都会在她的起居室内制作一段一分钟的视频，让她的团队知道过去一周发生的事情，表彰她的员工（叫出他们的名字）所做的出色工作，并让他们知道她下周的计划。这让她的团队感到彼此之间的联系更紧密了。

**2．有人情味的欢迎**。举个例子，最近，在接受了领英的一个邀请好友的请求（添加）后，我收到了一条来自新领英好友的消息。这条信息真的十分别出心裁，因为它是一段"欢迎来到我的社区"的视频。他与我的领英上的其他3万个好友不同，因为他发给我的这段视频真的让我能够了解他，让我觉得遇到了一个真正的人，而不是机器人。

**3．邀请**。如果你正在举办一场活动或一个特别会议，或者你想提高网络研讨会的出席率，那么视频邀请会比常规、没有新意的电子邮件邀请更具人情味。我的上一本书《摆脱，勇敢，行动》出版时，我在发布会前采用了个人视频的方式传达相关信息，告诉每个人发布会上有哪些有趣的事情。我邀请的人中超过80%的人参加了发布会。我很确定是视频的力量让他们前来参与，但我的这本书的合著者黛布·迪布认为，更有可能的是，我最喜欢的纽约面包店Billy's Bakery提供的纸杯蛋糕吸引了大家。

4．提升思想领导力。想要展示你是某一主题的专家，最好的方式之一就是通过视频展示你的专业知识和热情。视频是表达你的观点和展示你的权威的理想媒介，你可以通过视频吸引一批追随者，在你所在的地区建立你的社区。我的一位律师事务所客户用视频介绍它的律师写的白皮书，这个视频强调了要点，并帮白皮书的作者们吸引了潜在客户。

5．简介。与其（或除了）通过传统的文字讲述你的故事，不如用视频的方式告诉世界你是谁，你的热情所在，这样人们就更容易理解你的工作。别担心视频中的台词听起来都是"我，我，我"，你可以用这样的短语，像"我很自豪能和这样的人一起工作……"和"我有幸与一些最优秀的人一起工作……"。

6．旅行博客。与其使用博客，不如把视频作为你的平台。如果你比起写更喜欢说，制作一个旅行博客可能不仅会更有成效，还会更容易、更有趣。旅行博客只需要1~3分钟就能为你的观众带来价值。

7．推销或建议。当你向你的老板推荐一个想法，或者为你的想法寻求资金支持，或者你想让利益相关者支持你喜欢的项目时，视频可以帮你理顺头绪。视频能让你的创意脱颖而出，获得关注、评估、接受，最重要的是，获得资金支持（的批准）。所以，当你面临竞争，想赢的时候，请拿出摄像机拍段视频吧。

8．**推荐**。如果要坚定地支持某人，可以拍摄推荐人证明视频。推荐能帮助人们验证自我评价，而视频推荐——因为有证明人出镜——甚至更有分量。

9．**视频直播**。视频直播让你能在联系人和小组面前呈现更加有趣的自己。这些直播视频不需要多么精雕细琢，也不需要多么精良的制作，简单及时就是最好。例如，你在参加行业会议时发布一段视频，向其他对同一主题感兴趣但不能亲临现场的人分享这一经历，这样的方式既十分友好又效果显著。

10．**会议**。使用网络会议工具的视频功能，这是所有人无法面对面聚集在一起时进行互动的一种有效方式。这些平台让与会者感受到与会议的联系更紧密。我有一位在专业服务部门工作的客户经常出差。为了与她的团队保持联系，她使用苹果的视频聊天软件FaceTime进行一对一的交流——通常是在某个客户家的接待厅或去机场的出租车上。她说，这让她和团队不在一起时的工作不再那么神秘。视频让她的员工间接地体验到了她独特的生活方式。这也向她的员工表明，即使在她忙于全球出差的时候，也总是有时间和他们在一起。一对一视频和会议也能避免与会者因处理其他任务而分心。当参与者知道他们出现在摄像头里，他们就不太可能阅读电子邮件或发送即时消息进行与会议无关的对话。这使得视频会议比电话会议更有效率。

**11．会议的跟进工作**。在参加完很多会议之后，你是否急切地等待着收到后续电子邮件？你可以不必如此！你可以通过视频让更多的人密切地关注你的会后内容（包括每个人都承诺的行动项目）。在电子邮件主题行中使用"视频"一词可以提高打开率和点击率。如果有一些特殊的内容——例如，法律条文或复杂数据——采用书面形式更为妥当，那么可以考虑使用混合的视频电子邮件。

**12．提升认可度**。电子邮件是一种十分乏味的交流方式，这导致通过电子邮件发送的感谢信息可能看起来不那么真诚。当你想向客户、团队成员或老板表达由衷的感谢时，可以考虑采用视频，它可以让你传达你的真实感受。你还可以采用直观的视觉形式，呈现出这一段合作伙伴关系、收到的礼物或合作行为对你的团队的影响。一段视频仿佛在说："我花时间去表达了我有多在乎。"认可员工所做的工作是每个领导者工作的一部分。如果你收到一条视频信息，其内容赞扬了你的成就并表达了感激之情，你会有何感受？

我对视频在未来的普及感到非常乐观，于是我和我的合伙人欧拉·什图尔创办了一家新企业，专门为有职业规划意识的专业人士提供视频学习工具。我非常热爱视频，甚至考虑将本书的主题集中在视频化的个人品牌上。

我对视频的着迷驱使我投资了照明、三脚架和其他设备，建立了自己的内部视频工作室。我真的是视频的最大粉丝之一！

你知道还有谁是视频的铁杆粉丝吗？谷歌就是。

### 💡 趣味信息

根据《福布斯》的数据，观众在观看视频时记住了95%的信息，而在阅读短信时只记住了10%的信息。

### ⭐ 小贴士

使用一致的背景。每个办公室要始终使用相同的背景，让你的视频会议空间更具辨识度。例如，这些天当我出差不在时，我在纽约市和迈阿密之间奔波。我在每个城市的办公室的背景都是一件艺术品，但我在每个城市都使用了不同艺术家的不同作品。我会不可避免地听到别人说："哦，威廉，你今天在迈阿密。"或者"我看到你回到纽约市了。"这个小小的办公室背景的细节创造了一种熟络和亲切的感觉。

## 将视频添加到网页时的6个提示

当你建立自己的个人品牌时，要确保自己能出现在做决策的人面前。根据弗雷斯特研究公司的说法，视频比文本页面更有可能在搜索结果中获得令人垂涎的首页位置，这要归功于通用搜索。互联网数据资讯网站Searchmetrics对通用搜索的定义如下：

在搜索引擎优化的背景下，"通用搜索"指的是在搜索引擎的有机（即不付费的）搜索结果上方融入新的媒体形式（如视频、图像或地图）的搜索。

与其专注于博客、文章和白皮书，不如花时间制作一段视频简历，或者一系列关于思想领导力的视频，或者对你所在的专业领域的思想领袖进行视频采访。这能帮你脱颖而出，拓宽人脉，提高影响力。想要在网络上建立自己的个人品牌，很重要的一点就是让你出现在搜索引擎的搜索结果的第一页。为什么？因为如果你不出现在第一页，几乎等于无人问津。事实上，根据ProtoFuse（为B2B科技企业提供数字市场营销咨询的企业）的一项研究，排名前三的有机结果的点击量占据了所有点击量的61%。

如果你拥有个人网站，在你的个人网站登录页面上放上视频，会让浏览者驻足观看！根据Wistia（商业视频托管网站）的说法，视频会促使人们花2.6倍的时间停留在主页上。

如果要向参观者介绍自己，拍摄一段视频简介是一个好方法。事实上，你可以制作一个个人品牌开头动画，并添加到你的个人品牌标志系统中。这是一个持续5～10秒的开头动画或图像，位于主要内容之前。你的个人品牌开头动画将运用个人品牌标志元素——如颜色和图片——并作为你的整体个人品牌包装的一部分。例如，每次你看二十世纪福克斯电影公司的电影时，都会看到探照灯，耳边响起熟悉的背景音。你可以将你在第八章使用的音频元素加入个人品牌标志系统中，并添加视觉元素或视频元素，使你的个人品牌语言更具一致性。一些网站提供的免版税视频片段可能会对你有所帮助。

现在，你一定已经明白了视频的重要性，那就参考以下的搜索引擎搜索小贴士，增加你的视频出现在搜索结果第一页甚至更多页面上的机会：

1.**奥秘都藏在名字中**。在选择文件名时，请使用与文件内容相关的关键字，并与人们在搜索引擎中用来查找你的单词保持一致。例如，我的视频文件名就包含"个人品牌"字样。

2.**言简意赅**。保持视频简短，时长不超过2分钟的视频能获得更多的观看量。

3.**质量优于数量**。少量高质量的视频可以打造你的个人品牌，但大量平庸的视频可能会弱化你的品牌。关注声音、灯光和画面，当然还有内容，让你的视频呈现出高质量的效果，让人为之惊叹。当然别忘了练习。对于视频的投资回报是，高技术质量会提高它的受欢迎程度，并让你的个人品牌得到最积极的评价。

　　4．**关键词是关键**。确保你的视频描述具体详细，并选择与你想要为人所知的内容相关的标签，以及人们搜索你会用到的词的相关标签。当你使用各种各样的社交媒体分享视频时，记住使用合适的标签。

　　5．**改变用途能提高可见性**。将你的视频嵌入你的网站或博客，以及你的职场社交平台档案的个人简介或个人经历部分。很多平台都允许你将图像和视频直接插入平台个人档案中。而且，由于大多数人不使用这一功能，它可以让你的职场社交平台档案脱颖而出。

　　6．**二八定律**。花20%的时间制作视频，花80%的时间思考如何让目标人群观看。当你制作视频时，要花额外的时间最大限度地提高视频对于利益相关者的可见性。向你的人脉网络中的人和利益相关者宣传视频，使其获得尽可能多的浏览量。

☆ **小贴士**

　　创建属于你自己的迷你视频工作室，它随时待命。在你心血来潮，有话要对你的个人品牌社区说时，工作室会让视频拍摄变得更加容易。创造一个这样的视频录制空间：拥有良好的光线，清晰的录制效果，没有背景噪声，挂在你身后墙上的东西更不会影响你传达信息。有了这样的一个视频录制场所，你可以让自己在视频中魅力四射。当你拍摄视频变得更加轻松写意时，你就会倾向于多次使用它。

## 成为视频先驱者的最后7个点子

建立个人品牌最有效的方法之一就是策划和实施团队、部门或企业的新方案，以此来展示你自己的创新能力。让视频成为你的方案的一部分，或者直接策划视频方案。

以下这7个小点子将有助于确保你的视频能够有助于在做决策的人面前打造你的个人品牌：

1．**从给人眼前一亮开始**。你只有不到10秒的时间来吸引观众的注意力。

2．**理解你要传达的信息并表明立场**。你的视频可以展示思想领导力、表达你的独特观点以及传达你的信仰和你实现价值的方式。

3．**保持短小精悍**。你的视频要控制在3分钟以内。人们的注意力持续时间很短，而且正在变得越来越短。想表达的内容，就要直接表达，不要浪费任何一秒钟。其实，事实上，让观众意犹未尽也是很有价值的。

4．**应景的着装**。着装要反映你的个人品牌，同时要与你的目标观众有直接联系。不要穿条纹、印花或花纹图案的衣服。记得要化妆，确保你的脸不会满是油光。这些小细节都将有助于打造一个精致的视频。

5．**选择你的周边环境**。在视频中，你背后的物品也反映了你的个人品牌。确保你的背景能强化你的个人品牌信息，而不会分散观众的注意力。你希望人们关注你本人和你说的话，而不是身后书架上摇摇欲坠的书。可以考虑使用你的个人品牌颜色来提高辨识度和留下独特印象。

6．**聘请专业人士**。花钱聘请专业影视制作企业，制作高质量的视频传记。这是对你自己和你的职业生涯进行投资，任何其他十分重要的、有影响力的视频也是值得投资的。要选择全套服务，或者请一批合适的专家，包括职场教练来帮助你解决和剧本、摄影师、专业视频剪辑等事宜相关的问题。

7．**最大化的传播**。既然你已经花了时间和精力制作了你的重点视频（很可能是视频传记），那么要确保那些需要了解你的人能看到视频，从而让你的收益最大化。把你的作品发布到多个视频网站上，包括知名视频网站和你自己的视频网站。将视频加入你的职场社交平台档案和博客。在你的电子邮件签名中加入视频链接，并把视频链接放在你的简历的顶部。请确保你发布视频的网站针对的是你的目标观众。

你还不愿意站在镜头前吗？

出现在镜头前当然是最理想的，因为这会帮助你在你和观众之间建立情感联系，如果你确信自己不会出现在视频中，或者你只是讨厌被拍摄，可以用静止图像（照片或其他图形）和之前拍过的视频来制作吸引人眼球的视频。创建带画外音的演示文稿，以传达你的信息。即使你没有出现在画面中，这种方式也提供了比单纯的文本更丰富的媒介，能更好地传达你的信息。

如果不适合录制画外音，也不用担心。使用字幕仍然可以传达你的信息。事实上，许多人喜欢用这种"无声电影"的方式观看视频。比如，领英上80%的视频是在静音的情况下被观看的，脸书上的85%的视频是在静音的情况下被观看的。这种形式的视频内容（图像或带有字幕的库存视频片段）正在流行，结果就是一些如Animoto、Videolous和Lumen5的公司如雨后春笋般涌现，它们的视频模板和工具使视频制作过程变得异常简单。

### 👤 布兰迪头脑风暴

布兰迪认为，视频是她强化"说服者"的个人品牌特质的有力工具。她决定将视频元素融入她的个人品牌传播战略中：

- 我所有的客户推介都将包含一个视频故事。
- 我每月的团队会议现在将在有背景视频屏幕的会议室举行，这样远程团队成员也能出现在"巨大的荧幕上"。
- 我会在我的领英上进行全球旅行直播，分享一些有意义、有价值的知识，同时强调我是世界公民的事实！

## 本章小结

准备好拍特写了吗？

希望你现在已经认同视频是最强大的数字个人品牌工具之一，并且迫不及待地要执行自己的视频策略了。越多地把视频融入你的交流中，它就会变得越容易，而你也会显得更有格调品位。有了这些基础后，我们将进入最后的部分。

# 第四部分
# 社会的你

在当下，成功领导力的关键是影响力，
而不是统治力。

——肯尼斯·布兰查德

## 📖 要点提示

在最后一部分，我们将关注领导力——确切地说，是社会领导力。无论你是否在组织中担任正式的领导角色，你都可以（也应该）成为一名领导者。具体来说，我们将讨论如何利用专业知识进行领导。这意味着通过分享你的思想领导力来建立和培育你的人脉网络。这也意味着，成为组织的数字品牌大使，展示你精于社交的有领导力的一面。

# 第十章
# 评估你的人脉

## 打造属于你的粉丝俱乐部

　　经过了第一部分中的初步探索，相信现在你对于自己想要传达的信息有了比较清晰的认知，并且已经通过数字和可视化的方式呈现了你要传达的信息（第二部分和第三部分）。下面，我们来讨论一下如何扩大信息的受众范围——树越高，影子就越长。当你成长并建立起牢固而持久的关系时，你就会跨越品牌连续体（参见图1-1），朝着品牌的最终目标——成为一个受欢迎的品牌前进。

　　当你的个人品牌承诺在需要了解你的人心中清晰可见时，你就可以创造一个不断吸引机会的"磁场"。在第二章中，你定义了自己的个人品牌社区，或者5D团队（包括决策者、元老、学徒、保护者和讲述者）。在本章中，我将帮助你建立和培养你的个人品牌社区，扩大你的知名度，提升你的人脉等级。

　　正如我们在第二章中讨论的那样，有选择性地获得知名度，就是让你的目标受众——那些对你成功与否有影响的人——能看得见你。互联网为你扩大团队提供了无限的机会。在我们开始扩展人脉之前，是时候为你的5D团队再添加一个D了。最后一个D代表多样性（diversity）。虽然个人品牌意味着专注于你的目标受众，但多样化的人脉关系同样有价值。

被《企业家》（*Entreprenuer*）杂志称赞的人脉关系专家伊万·米斯纳尔（Ivan Misner）说过："多样化的人脉网络使你能够在人际关系中加入连接者和关键者。关键者同时隶属于两个或更多个群体。实际上，他们有共同的兴趣或人脉关系，这使得他们可以很容易地将不同人群联系在一起。"美林证券（Merrill Lynch）前全球财富主管萨莉·克劳切克（Sallie Krawcheck）在领英上分享道："如果我的社交网络完全由和我同一年代的金融服务职业女性组成，而且她们都来自南方，我很可能会觉得与她们在一起非常舒服。我很可能会享受和她们在一起的时光。毫无疑问，我会向她们学习。但在某一时刻，这样就像是照镜子，看到的都是相似的经历和观点。"

事实上，一项发表在《企业金融期刊》（*Journal of Corporate Finance*）上并被《哈佛商业评论》（*Harvard Business Review*）引用的研究强调了这一概念，即"与不同人口背景和技能组合的人关系密切的首席执行官创造了更高的企业价值"。

### 🧠 心态重置

在建立人脉网络的过程中，你需要专注于你的目标，并乐于结识与你不同的新人。事实上，在职场社交平台上建立你的社交网络时，我提倡的是"多多益善"。

### ✔ 可以与不可以
### ✘

可以，且一定要建立你的标准，无论是否熟悉，接受所有符合这些标准的人的添加好友请求。标准可以包括的内容可以是在同一行业工作，或者有5个共同点，或者看起来是真诚的，因为他们非常投入。

不可以因为对你的人脉管理过于严格，而将意想不到的机会拒之门外。

"多多益善"还有一个额外的好处，那就是能帮助你建立具有多样性的社交网络，这一点对于使用职场社交平台十分有帮助。这就是为什么，当平台显示关键字搜索结果时，结果在一定程度上取决于搜索的人与出现在结果中的人之间的联系程度。所以，你的职场社交平台好友越多，你出现在平台搜索结果中的次数就越多，你在搜索结果中的排名也就越高——这最终让人们有更多的机会与你发生联系。

## 创建一个开放的人脉网络

大量研究表明，成功的重要因素之一不过是处于开放而不是封闭的人脉网络中。

⭐ **小贴士**

与有人脉的人建立联系。当你与有很多人脉或追随者的人建立联系时，你就会出现在一个更大、更多样化的社区的视野中。他们的社区网络的成员会更清楚你在做什么（在职场社交平台中，这是因为他们成了你的2度人脉），这有助于你扩大你的人际网络的深度和广度，从而让你的人脉网络更具多样性。

下面是构建专注而开放的人脉网络的方法。这一方法分为3个部分：过去、现在和未来。

## 过去：从你的过去开始

将你的在线人脉与你在整个职业生涯中建立的现实人脉放在同等重要的位置。在你计划使用的所有社交媒体平台中搜索并找到这样的人：

- 曾经的同事
- 曾经的同学
- 通过志愿活动或者类似活动相识的人

换句话说，就是要进行一次"回忆之旅"。

在职场社交平台中，你可以通过导入电子邮件地址和手机联系人的方式来简化这一流程。这会让你一次性获得大量的联系人，不管你认识他们多长时间。

在更新联系人后，就专注于当下的联系网络。

☆ **小贴士**

　　**回顾过去，更好地面对未来。**反向排序你的电子邮件，让时间最早的邮件显示在最前面。然后，查看一下不久前联系过你的发件人的名字。把目标设定为与失去联系的人重新取得联系，将他们添加到你的数字个人品牌社区中。

## 现在：与时俱进

　　有意识地建立你的人脉网络。要在你的人脉中找到合适的人员（能够帮助你实现目标的决策者和影响者），首先要执行差距分析。回到5D团队，记录下你在这5类人上的观察结果。当你知道自己的人脉网络中有哪些类型的人时，你就可以确定缺少哪一类人脉关系。你可以通过名称、职称、行业等来确定这些缺失的人脉关系，然后积极构建相应的人脉关系。在你选择的所有社交媒体平台中，多使用标签，根据共同兴趣找人，然后适当地添加好友、关注或联系他人。

### 与狮子（LION）一起玩耍

　　举例来说，狮子（LION）是领英开放网络人（LinkedIn Open Networker）。狮子指的是乐于接受几乎任何其他好友请求的人。这不是领英授予他们的称号，是领英成员自己决定要不要当狮子。

　　我猜你现在在想："但我不想随便任何人都能进入我的人脉，我只想要相关的人进入。"别担心。要只接触那些与你和你的职业或业务相关的狮子，可以使用额外的筛选条件——

你可以选择地点、行业等。

## 未来：规划未来

现在，你的在线人脉网络已经更新，并且，你也拥有了人脉增长的计划。要保持这一状态，就要落实各项措施。

### 让会议变得重要

每当你遇到希望能添加至人脉网络的人时，立即联系他。或者更好的做法是，将职场社交平台应用程序在手机上始终保持打开状态，并在你遇到他们时立即添加他们。将其变成日常行为，这样你就能让你的人脉网络始终保持最新状态。

⭐ **小贴士**

使用职场社交平台二维码进行实时联系（展示你对数字技术的精通程度）。二维码是在与人见面后立即将他们添加到你的人脉网络中的最佳工具。另外一个额外的好处是，使用这一功能可以证明你是个社交达人——让你的新联系人在心目中把你归入"具有创新力的人"这一类别。

在你的手机端的职场社交平台应用程序中，在"我"页面上可以很容易找到扫码图标。点击它，选择"我的二维码"，就会显示出方便扫描的你的二维码图像。不同平台的二维码位置可能略有差异。

### 获得他人帮助

你可以通过招募其他人参与你的任务的方式，加速壮大你的人脉网络。当你能让他人感到更加轻松时，他们会很乐意帮忙。以下是具体做法。

在你的电子邮件签名中添加首选社交媒体账户的直接链接。同样，在你的职场社交平台档案中加入链接将有助于人们了解你。

当你进行演示文稿展示或网络会议时，邀请他人与你建立联系。在最后展示一张幻灯片，请求观众与你联系或关注你。

把社交媒体联系方式放在你的真实世界中的交流材料上，比如名片、信件（可放在信头处）、感谢卡等。

### ☆ 小贴士

将你所有的联系人置于同处。在职场社交平台中维护你的职业联系人管理系统。通过在你的平台账户导入电子邮件和电话联系人，你可以将你的联系人添加到平台的好友和关注中。然后，把你所有的联系人都聚集在一个地方（比如领英）。人们换工作后，往往电子邮件也会改变，这导致人们很难保持联系。这种情况发生在职场社交平台档案上的可能性较小，只要人们保持更新平台档案即可。

只要记住每6个月左右导出一份你的平台联系人的备份就行。这样一来，你总能有一份联系人列表，以防职场社交平台突然不能使用。下载备份是让重要信息云端化的好习惯。

## 最大化职场社交平台群组价值

在职场社交平台中，找到"你的人"最简单的方法就是加入群组。当你参加小组活动时，你可以开始找出你想要保持联系的人。群组就像网上的专业协会，有3大好处：

- 通常有更多的成员。有些群组有成千上万的成员，他们都对一个特定的主题感兴趣。
- 全天在线。群组不像现实世界里每月定期开会的协会，你可以在方便的时候参与和联系群组内的成员。
- 尽管一个群组通常只有一个话题，但其成员往往比传统的专业协会中的成员更加多元化，包括来自世界各地的各种人。

加入与你生活的不同方面相关的群组，可以包括：

- 校友（同事）群（学校和以前工作过的企业）
- 思想领导力群（你所在的专业领域、行业和工作职能）
- 社会事业群（慈善事业、志愿团体等）
- 兴趣爱好群
- 本地群（例如"××城市跑步俱乐部"）。

加入合适的群有助于展示你的个人品牌。你所属的群组不仅能让你提高知名度，并与他人建立关系，还能表明你是谁，什么对你来说是重要的。当有人浏览你加入的群组时，他们会根据你所结交的朋友来判断你是谁。以下是融入群组的流程步骤：

**1. 研究**。针对每个类别，研究潜在的群体。以领英为例，在领英顶部的搜索框中输入合适的关键字来搜索，然后单击"相关内容"中的"全部内容"，你能从结果中找到相关群组。通过阅读群组说明，你可以快速了解你是否要选择加入这个群组。

**2. 加入并潜水**。加入符合以下条件的群组：

· 拥有大量符合你的标准的群成员。

· 这些成员反应积极，定期发布内容和评论。加入不活跃的群组就像参加没有人出现或人们没有真正参与的网络活动。

· 群组内容能让你产生共鸣。你能向思想领导者学习，并有兴趣分享你自己的意见和想法。

花时间了解群组的文化，找出哪些会员是最活跃的，哪些话题会产生最吸引人的内容。为了更好地适应，你可以在一段时间内充当背景板的角色。

**3. 自我介绍**。就像你在专业协会会议上所做的那样，让人们知道你是谁，让他们知道你很高兴能成为交流群的一员。向团队介绍自己，让他们知道你为何因成为群组的一员而感到兴奋。其他群组成员可能会联系你——这将是扩大你在团队中人际关系网络的绝佳机会。

**4．成为一名活跃的群员**。只有在你完成了前面的步骤之后，你才能开始将团队的价值最大化。在下一章中，我将分享挖掘团队潜力的方法。

**5．加入对话**。在发布自己的内容之前，请评论点赞他人的内容。这就像社交艺术。你不应该匆忙进入一个已经成熟的小组，然后急着开始发言。首先要学会倾听。

**6．保持一致**。当你加入一个（在线或非在线）群组时，请成为该群组的活跃成员。设置每周日历提醒自己每周在群组中要有活动。打造个人品牌要保持一致性。作为一个不定期发帖和阅读的潜水成员，从长期来看，你几乎得不到什么好处。

**7．确定个人品牌社区成员**。你将开始确定适合你的个人品牌社区成员：导师、业务合作伙伴、未来的同事、值得信赖的顾问和学员。将这些人添加到你的领英人脉中，并偶尔联系他们，以建立和维护这些关系。

## 了解他人

社交的另一个重要方面是了解他人。你可以去搜索与会者名单上你没有结识的人，或者了解潜在客户、研究竞争对手、寻找和确定公开职位的理想候选人。在开会前使用这个方法，获取你将要会见的人的信息。找到你们共同的联系和兴趣，开始建立更牢固的关系。

⭐ **小贴士**

低调搜索。当你不希望自己的浏览、调查被他人察觉时（特别是当你想挖走人才或查看竞争对手的信息时），一定要在隐私设置中的"可见范围"中的"职业档案访问设置"中选择"隐身模式"中的"完全隐身"。

## 本章小结

你的追随者会为你的成就鼓掌吗？所有强大的个人品牌都有一个粉丝俱乐部，其成员们十分了解自己，并因其专业知识和观点互相尊重。当你建立你的人脉网络并与其中的人们保持联系时，他们可以了解你的专长和你对相关话题的观点。随着你在职业生涯中不断发展，这个外部社群会成为你的宝贵资产。但是，建立和培养你的粉丝俱乐部只是塑造一个受欢迎的个人品牌的过程中的一个步骤。下一个（也是至关重要的）步骤是把这些粉丝变成推广者，这样你就有一支"全职"的"销售队伍"来推销你的才华。

# 第十一章
# 培养并动员你的人脉

## 化追随者为推销者

别自吹自擂。让别人"吹嘘"你。

现在你已经更新了人脉网络并正在积极构建它，你需要进一步培养人脉关系，提高你的知名度和可信度，让认识你、喜欢你的人为你推广。从某种意义上说，你是在建立自己的专业销售团队，他们迫不及待地要"吹捧"你的才华，这样你就没有必要自吹自擂了。这一点一直非常受我的内向朋友们的欢迎。不需要捶胸顿足，不需要声嘶力竭，不需要总是说"我、我、我"。

你用来培训推销员的秘诀，也恰好是我最喜欢的单词，是给予。当你在这种情况下给予的时候，你就是在给予价值——你推动了他人的成功，并通过分享你的知识，进一步强化了你在第三章中阐述的信息。

在品牌化领域，这叫作内容营销。内容营销的一种定义是"一种涉及创造和分享在线材料（如视频、博客和社交媒体帖子）的营销方式，这些材料并不明确地宣传一个品牌，但能激发人们对其服务的兴趣。"在这种情况下，

"服务"就是你自己。

## 🧠 心态重置

无论你的职位是在法律、会计还是产品开发领域，你都是一名营销员。你是自己的个人品牌的首席营销官！

内容营销的目标是让观众参与到你的在线材料中来。假如你无法影响到想要影响的人，那么在创作和策划上花费时间和金钱是没有意义的。要让在线材料获得高浏览量很有挑战性，因为有太多的干扰因素。在当下，可供我们选择观看的内容正呈现出飞速上升的趋势。

## 💡 趣味信息

每天有5亿条推特推文被发送，超过9500万张照片和视频被分享到Instagram上，超过400万篇博客帖子被发布。

信息噪声越来越大。唯一在减少的就是时间。我最大的幻想就是能够购买时间，我经常会这么想——也许我想得太多了！大多数早上，我都会多睡一个小时，而在写这本书的时候，我也花了几百个小时用心去写。我的客户告诉我，他们愿意每天购买一个小时左右的时间来打造自己的个人品牌。但在这个梦想成为现实之前，我们每天仍然只有24小时的时间。这意味着，作为一名内容创作者，你在没有增加打造个人品牌的时间的情况下，面临着日益激烈的注意力竞争。

在制订与员工沟通的品牌传播计划时，重点放在我称之为"五大美餐"的一系列行动上，即更新（update）、创造（create）、展示（curate）、重述（restate）、评估（evaluate）。在一个充斥着垃圾食品的世界里，可以把它想象成一份精心制作，包含5道美味佳肴的菜单。这5个词都以"吃"（ate）结尾，它们的目的是为你的受众提供他们真正渴望的营养丰富的信息。

你会在这一章中发现很多关于食物的类比和参考，希望这会激发你去尝试这些活动，这些活动会帮助你建立一支帮助你传播信息的销售队伍。

理想的沟通计划会通过恰当组合这些技巧，来与目标受众建立互动关系。我们逐一来看看这些技巧。

## 美味佳肴1：更新

更新的目的是让你始终保持对社区的可见度。个人品牌的3C（参见图2-2）中的第三个C是持续，即你要始终在你的目标受众的范围内活动。

更新可以以领英帖子、推特推文、脸书帖子和其他平台的直播视频等形式进行，但要适量使用，不要为了完成任务而保持更新。相反，要提供相关和及时的信息，以帮助你的受众了解最新信息。

有效更新可以是：

- 一篇新发表的文章。

- 在重要位置打卡——比如在专业协会互动的场所。

- 分享你在研讨会上学到的东西。

- 分享一个短视频直播，内容是你正在参加会议并做出重要发言。

当你分享最新消息时，你就是在让联系人和关注者了解到你的世界里正在发生什么，为他们提供可能对他们有价值的知识。分享最新消息是让他们知道你的世界里正在发生什么的最好方式之一。最新消息相当于一张数字版明信片。仅仅分享几句话，例如"我在昨天的会议上了解到，2020年营销人员在视频上的花费增加了20%"，是一种简单而有力的做法，既能为决策者带来价值，又能让你持续出现在他们的视野范围内。

## 美味佳肴2：创造

内容创造比更新花费的时间多得多，但内容创造是让你的专业知识脱颖而出、让人们了解你并想要支持你的最有效方式之一。你可以通过撰写文章和独特的观点来和你的网络平台中的个人资料呼应，从而提高你的可信度。你还可以让其他会员了解你的想法，扩大你的触达范围。当然，你不需要所有人都查看你的文章。你只是想吸引你的5D团队成员。（还记得有选择地获得知名度吗？）

举个具体的例子。博客使用起来非常方便（你可以复制

Word文档中的内容到博客中）。当你经常使用此功能时，它会成为你的仓库，里面装满了和你偏好的话题有关的想法。只要记住，不要过分吹嘘就行。你所分享的内容需要清楚地强化你的个人品牌信息（你希望如何被人所知），同时，最终向你的目标受众传递有价值的信息。要把重点放在效果上，而不是过分夸赞自己。

内容创造可以包括：

- 写博客。
- 制作思想领导力视频。
- 发布PDF版本的演示文稿。
- 创建信息图表，并将其发布在社交媒体上。

### 远程指导

为了让你的内容更有影响力，采用更丰富的交流方式——尤其是利用视频的交流方式，这样你的同事就能更好地了解你。通过将文字、图像和视频组合在一起，传达令人信服的信息。

因为内容创造需要花费更多的时间和精力，所以你要确保你创造的内容能带来高水平的参与度，并有助于你激励人们成为你的个人品牌大使。为了帮助你从精力投资中获得更高的回报，我发明了草莓测试（图11-1）。这个方法能让你在信息中找到"甜蜜点"。

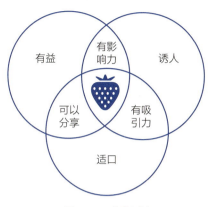

**图11-1　草莓测试**

你需要了解自己喜欢创造的内容类型，以及目标受众的需求，符合一些特征的内容往往收获的参与度最高（通过查看、点赞、评论和分享来衡量参与度的高低）。高参与度的内容有3个特征：诱人、适口和有益。

**诱人**。大量的内容都试图吸引我们的注意力，但只有真正诱人的信息才能吸引我们的注意力。一点点差别将决定我们是否继续阅读。信息需要具有说服力，这意味着你的标题、说明或开场白是所有内容中最关键的部分。（稍后我将详细介绍这一点，到时候你将学习如何添加拥有自己风格的内容。）

**适口**。在这个有字符限制的推文、2分钟时长的视频和只持续几秒钟的"阅后即焚"图片的世界里，我们想要的内容不需要太长的篇幅。它需要满足需求，但要简明扼要。如果你要写一份完整的白皮书，那么其中的行动摘要或重要结论就需要简单明了。

**有益**。"这对我有什么好处？"是大多数社交媒体受众的想法和口头禅。只有当人们相信他们能从中获益时，才会投资于你的内容。他们可能想要学习和成长，解决问题，或者用笑声来缓解压力。这就是"有益"元素。所以你需要问自己以下问题：

我的内容如何帮助读者或观众？

你的回答决定了你是否要花精力制作那些内容。一条信息获得的分享程度直接决定了这条信息对你的目标社区有多大的价值。而且你的内容需要在开头就表明期待的回报（印象记忆很重要！）如果人们一开始没有与你产生共鸣，他们就不太可能陪你走到最后。

我经常认为，最有潜力，且能快速传播的内容就像草莓一样。草莓很诱人，很适口，而且有益健康。

当然，当你创造内容的时候，并不是所有的内容都如同草莓一样。但要试图去创造至少满足诱人、适口、有益这3个特征中的2个的内容。

### 多滋乐：诱人且适口

多滋乐（我最喜欢的糖果！）符合2个标准，却是无益的高卡路里食品。它的有益（价值）在哪里？将它想象成添加到有趣背景图（使用你的个人品牌标志纹理）中的语录。它既直观又有趣，但并没有为观众提供任何价值非凡的东西。

### 西瓜：诱人又有益

有些内容，比如白皮书，更像是西瓜。它很甜蜜（诱人），但要全部吃完，需要花些时间，需要受众真正的投入。不过，有时这种内容也是传达信息所必需的。

### 李子：适口且有益

你想要创造的一些有价值的内容不需要别人投入很多时间阅读，但它可能不是最具诱惑力的，例如一系列有用的小贴士。

### 草莓蘸巧克力酱：诱人、适口、有益

为了让你的内容更具吸引力，能像病毒一样传播开来，你可以把它蘸上"巧克力酱"。把巧克力酱想象成标题、开场白（或视频的前几秒）和相关的图像，就像歌帝梵（Godiva）商店橱窗里有着巧克力外壳的草莓"召唤"着你一样，吸引着你的注意力。

### 💡 趣味信息

广告先驱大卫·奥格威（David Ogilvy）说："平均而言，阅读标题的人的数量是阅读正文的人的数量的5倍。当你写完头条新闻时，你已经花掉了1美元中的80美分。"

"诱人"元素是最重要的，因为没有它，无论你的内容多么有益和适口，人们都不太可能和这个内容进行最初的互动。

因此，在创造内容时，确保你新挑选的词语（或图片）通过我的草莓测试。没有浓厚的"巧克力酱"就不要轻易发布内容。

## 美味佳肴3：展示

如果你觉得自己没有时间或欲望去创造自己的内容，那就借用别人的内容吧。当你不愿创建自己的内容时，内容展示可以成为你最好的朋友。分享他人的帖子，将你觉得有趣和有价值的信息传播给你的关系网络和群组。这样的做法能让好友看到本来可能会错过的内容干货。大多数发布内容的网站中的内容都可以很轻松地被直接分享到社交媒体中。

### ✔ 可以与不可以
✘

可以在转发时评论，并在评论中提供你的观点，例如："这是一篇非常有用的文章，尤其是对初任经理的人来说。"

不可以只点击"转发"，而不加入自己的看法、见解。

提醒一句：如果你只是点击"转发"，然后把内容发送给你的关系网络和群组，这对建立你的个人品牌没什么帮助。你需要在转发时加上你的评论和观点，比如为什么你认为这则内容很有价值。例如，你可能会说："这是一篇非常有用的文章，特别是最后一段"，或者"这篇文章是一个强有力的概述，我唯一想补充的是……"，或者"这是一篇写得很好的文章，但我不同意作者说的第二点，因为……"。

## 美味佳肴4：重述

用最少的努力扩大知名度的个人品牌技巧叫作"等待"，也就是"偷懒"。我的意思是重新使用和宣传你已经拥有的内容。这将放大你的信息并传递个人品牌的一致性，以独特的方式向你的个人品牌社区成员传达以不同形式出现的相同内容。因此，改变一下你的博客帖子用途，更新你的活动，把一篇文章变成一系列的推文，在你的职场社交平台档案的"关于我"和个人经历部分嵌入白皮书和文章。永远不要从孤立的角度看待你创造的任何内容。永远要问问自己："我如何才能重新使用这些内容来提高我的知名度，并为我的个人品牌社区增加价值？"

## 美味佳肴5：评估

定期与你的社区分享你的知识，并与你的社区进行对话，这个方法十分强大、有效，且充满乐趣，但目的是什么呢？准备好上我们菜单中的最后一道美味佳肴：评估。

你需要衡量你的活动有效性和你的数字个人品牌力量。衡量让你专注于那些对你的职业成功与否产生最大影响的活动，并抛弃那些对你不起作用的活动。

关于数字个人品牌的好消息是，你能做的大部分事情都是可以衡量的，所以你可以检查你的个人品牌是如何增长的。

以下是需要定期检查的指标：

- 人脉增长
- 职场社交平台可见度
- 参与度
- 机会

### 人脉增长

社交媒体人员指标是与你的个人品牌社区中的人员数量和类型有关的计算结果。这里的统计对象既包括联系人，也包括关注者。

如果你活跃在你的领域和相关的在线社区，你的人脉网络应该会不断扩大。要记住，在认识别人的时候把他们添加到你的社交网络中。主动联系那些你希望纳入自己的社交网络的职场社交平台用户，跟踪一段时间内你的联系人数量的变化，确保联系人数量在不断增长。对于你的社交媒体账户的粉丝数量也要进行追踪。

如果你定期在你的社交媒体账户中更新内容，并与其他成员进行讨论，你的联系人数量会不断上升。

### 职场社交平台可见度

多少人浏览过你的个人资料？随着时间的推移，这是一个需要关注的重要数据。你在职场社交平台上的参与度越高，这个数据应该会增加得越多。如果你还没有密切关注该数据，那就请找到这个数据（你在职场社交平台个人主页就可以看到）。然后，每周或每月查看一次这个数字，看看你在职场社交平台上的行为是否会转化为更多的关注量。

"我被搜到"的次数是一个衡量标准，它还可以帮助你查看人们是否能够找到你。当你的职场社交平台档案中的词（尤其是目前大标题中的词）与人们在搜索框中输入的词相匹配时，这个数据就会增加。有针对性地扩展人脉很重要，帮助人们找到你也很重要，我称之为"有计划的意外收获"。你不知道谁在找你，但你需要被人看到，这样他们才能找到你并与你联系。了解你所在领域的搜索关键字，并确保你的职场社交平台档案中出现这些关键字——尤其是在你的个人简介中。此外，请记住，你拥有的联系人越多，你在搜索中的排名就越高，而且你拥有的联系人的数量也会影响你在搜索中出现的频率。

"看过本页的会员还看了"是需要定期查看的一个重要部分。看一看，然后问自己这些问题：这些人是我的社区成员吗？我还想与其他思想领袖和专家取得联系吗？

### 参与度

这是最重要的衡量标准之一，因为它侧重于互动和认可，这方面的行业术语是社会认同，而实现"证明"有时在很大程度上取决于感知。亚利桑那州立大学（Arizona State University）社会学和营销学名誉教授罗伯特·西奥迪尼（Robert Cialdini）著有《影响力》（*Influence: The Psychology of Persuasion*）一书，他说："我们认为，在特定情况下，只要看到别人在做某件事，我们就会认为这种行为更正确。"这意味着，在我们感到犹豫不决或缺乏安全感时，通常会认为那些圈子里的人（思想领袖、同事、明星等）对相关的话题更了解。

即便如此，对于数字个人品牌而言，我们的最终目标是社区意识。思想领导力不应该是利用你的关注者的不安全感，它应该鼓励社区的所有成员去分享他们的知识，并通过他们真正的专业知识获得影响力。所以我遵循了一个更狭义的定义：社会认同是对你在个人品牌社区中形成的积极影响力的外部确认，它意味着你引导他人支持你的个人品牌并积极互动配合，在此过程中也强化了他们自身的个人品牌。

以下是4种类型的社会认同，它们对于正在打造数字个人品牌的事业型专业人士具有重要意义：

**专家认可**。这是指让你所在行业或主题中受人尊敬的成员推荐你或你的内容。我们在第六章谈到了这种社会认可，当时我们提到了，从重要人士那里获得推荐词，并将它们更新到你的职场社交平台档案中。这叫作品牌联想。当你与一个受人尊敬的组织、头衔和公司联系在一起时，你也会沾上光。你在生活中总是看到这种形式的品牌联想，但可能没有意识到。当你住在香格里拉酒店时，浴室里有宝格丽（Bvlgari）牌洗漱用品。这些产品强化了香格里拉酒店的奢侈品的品牌属性。

**社区联系**。当你在社交媒体上有很多粉丝时，人们会认为"你是个重要人物"，更有可能关注你和你的内容。在职场社交平台上，技能认可功能起到了作用。你的技能认可总

数并不是很重要。另外，你最重要的技能认可是极其重要
的，尤其是你的前3项技能，因为当人们查看你的职场社交
平台档案时，前3项技能是唯一能看到的（除非他们点击"其
他××项技能"），但在个人品牌推广中，我们需要专注于
吸引像你一样忠于你所在领域的合适的决策者群体。

**社交互动**。这种类型的社会认同的相关数据以浏览、点
赞和评论你的内容的形式出现。如果你在视频网站上发布了
一段视频，点击量达到1000次，那么这一数据本身就是对该
视频的认可。

**社交传播**。这是种特殊的社交互动，因为它创造了社交
媒体上备受欢迎的病毒营销元素。这一切都与分享有关。这
种社交行为不同于上面描述的"社交互动"，因为它能更快
地将你从个人品牌成功的第2个级别带到第3个级别——在这
个级别，其他人会组成你的个人品牌销售团队。

分享很重要，因为它证明了你的病毒营销内容有多量传
播性。当人们分享你的内容时，他们无形中也让其联系人可
以分享你的内容——极大地提高了内容的可见性。于是，你
的粉丝成为你的推广者，并积极向他们的个人品牌社区分享
你的内容。

### 机会

这是一个更定性的指标。从你开始努力打造个人品牌以
来，你有哪些机会？要明确这些机会在哪里，想想你的目
标。你为什么要打造自己的个人品牌？什么样的机会对你来

说是有价值的？你可以考虑以下措施：

- 请求在活动上发言。
- 让媒体联系你做语录或采访。
- 为即将出版的书寻找内容作者（或合著者）。
- 收集招聘信息。
- 收集想要在你的团队工作的粉丝的信息。
- 寻找拥有专业技能，且想要与你合作完成项目的同事。
- 关注因为你的外部影响力来主动联系你的内部同事。

### 重点思考

问问你自己，建立我的社会认可需要哪些因素？

- 哪些话题产生的参与度最高？
- 哪种类型的内容（长篇文章、简要操作指南、列表、非常技术性的内容解说）影响最大？
- 哪种媒体最吸引人（博客、视频、信息图表、推文）？
- 哪些内容获得的互动最多——我创造的内容还是我展示的内容？
- 哪些内容的分享次数最多？

## 掌握内容营销的小贴士

为了最大限度地提高效率，前4个"美味佳肴"，即更新、创造、展示、重述，都应该具备以下4个品质。

**真实可信**。在开始发帖之前，想一想你会如何在个人品牌语言中流露出你的个人品牌特色。你想让人过目不忘，所以要清楚你的写作风格，并始终如一地使用它。如果幽默是你的个人品牌的一部分，那就采用诙谐的写作手法。如果你喜欢严谨，那么就使用标题和列表来组织内容。如果你更倾向于逆向思维，那就在评论文章中使用此思维。当然，信息本身要是真实的。如果你真的不会讲笑话，不要试图成为艾伦·德詹尼丝 [ Ellen DeGeneres，《艾伦秀》( *The Ellen DeGeneres Show* ) 主持人 ]。

**专业**。在发布你自己的内容时，请确保其语法正确，并且使用你所在行业的风格。将问题发送到群组可以激发围绕特定话题的讨论，并帮你了解你同事的各种观点，但即使是一句话的信息也应该仔细校对。

**投入**。有人花时间评论你的帖子时，你要认真回复。这种做法是正确的，它可以帮助你在保持对话的同时与那些对你的内容感兴趣的人建立关系。

**心存感激**。记住要感谢那些在你的帖子中发表有价值的评论，以及加入你的帖子中的谈话的人。特别重要的是，要感谢那些分享你内容的人。另外，也要感谢你的团队成员，他们提供了有助于你的工作或扩展你思维的内容。

## 本章小结

现在，你已经确定了对目标受众始终可见、可用和有价值的策略。当你经常这样做的时候，你为你的粉丝提供了动力，反过来又驱动其他人加入你的个人品牌社区。你正在塑造一个受人尊敬的个人品牌形象。但也许你感到有点不知所措，或者你在问自己："我怎么可能做到这一切呢？"别担心，在第十二章中，我将与大家分享将一项活动转化为可以用一整年的数字个人品牌的技巧。我还将向你展示如何通过成为一名数字个人品牌大使，让自己跳出企业的职级限制。

# 第十二章
# 成为领航人

## 适用于你的社区和职场

恭喜你，你已经完成了11个章节的阅读。

我想现在的你一定有些许的成就感，带着一丝领悟，或许还有点不知所措。我的客户告诉我，他们明白了为什么要精心制作有说服力的信息并积极使用社交媒体，他们看到了与事业成功的联系，他们迫不及待地要展示自己的数字个人品牌实力。然后他们说：

"我已经有一份全职工作了。我怎么才能做到这一切而不感到有压力和超负荷工作呢？"

如果你也拥有同样的问题，没关系。在这一章中，我将分享如何通过少量活动也能最大限度地发挥影响力，以确保你在目标受众中的知名度和价值，不再让你感到挫败。这不仅仅是提高效率的问题，你也要认识到投资回报的重要性。

我将向你展示如何利用你的新社交能力为你的同事和所在的企业创造更大的价值，同时提升你的影响力和内部个人品牌价值。当你成为一名真正的数字个人品牌领导者时，回报就会呈指数级增长，并激励你的专业社区中的其他人探索和拥抱自己独特的个人品牌。本质上属于模仿或错觉的个人品牌很难维持，要让这种个人品牌结出硕果将十分艰难（有时是不可能的）。而扎根于真实性的个人品牌很容易蓬勃发展。稍微用点心去细致地建设维护，个人品牌就能大有用武之地。

那么，用心细致地建设维护的具体含义是什么呢？你如何在不增加生活压力的情况下完成所有的数字个人品牌建设？

## 有选择性的成名之路

如果你认真花时间阅读了这本书的前几章，认清了你的真实自我，就会发现有选择性地成名秘诀就在于简单地结合以下3种技巧：

- **最大化**。利用好每一次机会。减少创造，同时增加每一次机会所带来的影响。
- **连接**。连接现实与虚拟世界的交流活动。太多的专业人士认为，他们在现实世界中的个人品牌活动与数字个人品牌无关。这种心态不仅导致效率极低，还可能导致个人品牌信息的混杂。为了将你的个人品牌推广的价值最大化，你在现实世界中的活动应该与你在社交媒体中的行为同步。这创造了强大的协同效应，在数百万观众面前强化了你的信息。

- **聚焦**。将更多的时间花在推广而不是创造上。遵循二八定律，花20%的时间创造内容，花80%的时间让所有合适的人都能看到该内容。

要想有选择性地成名，最有效的途径是把自己视为思想领袖，并致力于与你的利益相关者分享你的知识、经验和观点。对于那些想要通过思想领导来发展自己的个人品牌的人来说，内容创作往往是最大的压力来源。即使是最雄心勃勃的数字个人品牌，一想到要提高对目标受众的知名度，有时也会感觉力不从心。

除了最大化、连接和聚焦之外，还有一种策略，不仅可以节省时间，还可以帮助你提炼出个人品牌精髓。这是我最喜欢的个人品牌推广技巧，而且肯定能帮你减轻负担：

- **投身于一件事**。每年只确定一项个人品牌建设活动。然后，通过应用上述3种技术（最大化、连接和聚焦），将其转化为可以用一整年的数字个人品牌。

在开始之前，确定今年要开展的一项个人品牌建设活动。在下面的例子中，我的目标是向当地的专业协会提交一份思想领导力演示文稿。我概述的流程将帮助我用一项活动建立可以用一整年的数字个人品牌。这样做的目的是让你感到兴奋和充满活力，而不是让你筋疲力尽或激怒你。关键是提前计划和安排全年的活动。

以下是该过程的3个步骤（图12-1）。

**图12-1　提高知名度3P**

## 第一：准备（Prepare）

**创造演讲机会。**

**选择组织**。研究那些定期主持会议的相关专业协会，包括演讲者（也可以是内部机会）。优先选择那些给你最好的个人品牌建设的平台（你的目标受众在观众席中，活动比较专业，参加人数多）。选择的组织要能真正让你发挥专长。

**选择你的主题**。要使此活动实现最大价值，请选择一个包含以下3个个人品牌建设要点的主题：

- 有利于拓展你的思想领导力，并表达你的观点。
- 与你的目标受众（那些做决策的人）相关。
- 时效性长（并不只局限于时事）。

**确保你的演讲顺利进行**。主动提出发言，并选择演讲的时间和日期。如果演讲时间安排延后也没关系。这样你就有更多的准备时间了。记住：在计划你的演讲时，要和组织者沟通好，把你的演讲录下来。如果他们不做或不愿做这件事，请在得到许可的情况下自己安排录制。

**与你的人脉交流**。通过职场社交平台询问你的人脉圈子中的人，他们希望在演讲中看到什么。哪些与你的演讲话题相关的内容能触动他们？

对职场社交平台群组中的人进行问卷调查，将获取的信息加入你的演讲中，并联系内容创作者，获得引用他们的作品的许可，这也能进一步拓展你的人脉网络。

**制作你的演示文稿**。采用文字和图像的组合制作演示文稿（应用你在第七章中学到的关于个人品牌标志的知识）。确保在整个幻灯片中多次使用与你的思想领导力领域相关的所有SEO①关键字。根据需要尽可能多地包含以下内容：

- 强化关键信息的图像——使用第八章中的图片来源。
- 来自你的个人品牌社区的语录（你的上司、同事的语录等），也可以加入在你所在的领域里备受尊敬的思想领导者的语录。
- 名人语录。
- 你的为人熟知的口头禅。如果你有口头禅，就加进去。如果没有，不需要创造。做自然的自己就好，不要跟风。
- 问观众的问题："你们中有多少人用搜索引擎搜索过自己？"，或者"这里有谁所在的企业使用某某客户管理软件？"。记住在观众回复后要及时反馈，并追踪数

---

① 搜索引擎优化（search engine optimization）的缩写。——译者注

据。这些数据虽然并非完全可信，但很有用。

- 选择有利于你的个人品牌的3~6个信息，描绘出你想要为人所知的那一面。

- 结束时播放作为感谢页的幻灯片，此页不仅显示联系方式，同样也要体现你希望让受众加入你的个人品牌社区。比如，你可以添加你的职场社交平台档案的链接。

**宣传这项活动**。在社交媒体上发布你的演示文稿。等到该活动在协会的网站上发布，就在社交媒体上发布一个链接，邀请你的追随者参加。对你的职场社交平台活动和相关群组也同理。即使他们不出席，人们也知道了你是一位受欢迎的演讲者。

在你动身去参加活动之前，在社交媒体上发帖并更新你的职场社交平台活动动态，让你的追随者知道你即将发表演讲。表达你对这个话题的热情。

**综合**。使用你的名字和你希望为人所知的相关关键字来命名你创建的演示文稿。你可以在社交媒体上创建账户，然后，将你发表演讲的信息发布出去。使用你的社交媒体和电子邮件列表让你的目标受众知道你即将发表的演讲。安排一位朋友或同事来帮你充分利用这次演讲。在你发表演讲之前，更新社交媒体动态，提醒你的个人品牌社区成员，并附上有助于关注者查看活动描述的链接。

## 第二：出席（Present）

现在，是展现个人魅力的时候了。请你的朋友或同事帮你拍几张你在演讲的照片。

**要想做好演示文稿，你可以：**

- 介绍你的常用关键词，鼓励受众成员使用社交媒体与他们认识的人分享你的内容，提醒他们在交流中使用你的常用关键词。这将有助于让他们所在的其他品牌社区看到你。你甚至可以将你的关键词加入每张幻灯片上作为提醒。

- 用你事先准备好的问题对观众进行调查。让他们简单地举手回答你的问题，并将回答记录下来，以备将来参考。不要刻意计数，只要感受一下观众的反应就行了，说"你们中大约有三分之一的人举手了"就可以了。

- 告诉你自己，你在摄像头面前，稍后就能拿到视频素材。当你分享你的关键信息时，直接对着镜头讲话，这样你就可以把那些重要的元素用视频记录下来，以备将来使用。

**用以下方法更容易让观众产生共鸣：**

- 给予他人信息。留下一页的手册，包含有价值的内容和资源，并包括你的联系信息。想想你希望他们如何与你联系——在职场社交平台上联系，订阅你的视频账号，或是在社交媒体上关注你。这份手册甚至可以包括你的职场社交平台二维码，他们可以扫描这个二维码来直接访问你的平台档案。

- 继续对话。正如我在"打造你的演示文稿"清单中所说，在演示文稿的结尾放一张感谢幻灯片，其中包括你的联系方式，鼓励观众在职场社交平台上添加你为好友，或者在其他社交媒体上关注你。这将帮助你扩大人脉网络。

## 第三：收益（Profit）

演示文稿在你身后！准备好精美的演讲幻灯片和你录制的精彩视频文件，还有你的朋友在你讲话时拍下的照片和原始视频片段。这就是你创建和分享可以用一整年的社交媒体内容所需的全部内容。下面我将教会你如何从所有的准备工作中获益，并将关注你的人群数量从当时在场的50人扩大到50 000人或更多。

### 职场社交平台

分享你学到的有关演示文稿的最新内容：

- 剪辑相关视频并放到你的职场社交平台档案的个人简介中。
- 联系你在演讲中提到的人物，并将链接提供给他们，这样他们就可以向其社区分享你的内容。

听起来很累吧？实际上没有那么累。为演示文稿准备内容是整个过程中最密集的部分。后续活动遍及全年，不需要你产生新的概念。如果你承诺每天做这件事，实际上你每天只需9分钟就能完成这件事。

如果你在喃喃自语："这听起来不错，但我讨厌公开演讲。"要知道，你并不孤单。在许多关于恐惧的调查中，公开演讲被列在死亡之前。杰瑞·宋飞（Jerry Seinfeld）有句名言："在葬礼上，人们宁愿躺在棺材里，也不愿致悼词。"如果你不喜欢公开演讲，我建议你努力克服恐惧。有太多的资源可以帮助你，比如演讲会（它可以帮助你在参与的同时扩大你的网络）。成为一名优秀的公开演说家肯定会对你的职业生涯产生积极的影响。

如果你还没准备好这么做，别担心。你可以把公开演讲替换成自己喜欢的通讯媒介，并改进流程，然后适应它。例如，如果你喜欢长篇写作，那就准备一份白皮书。然后，把它分解成一系列的文章，然后在社交媒体上引用其中的统计数据和话。

如果你每年只将这3个步骤应用于一项经过精心准备的现实世界中的活动中，你就可以用最少的努力将其转化为可以用一整年的个人品牌在网络上进行曝光，这将为那些在不耗尽有限时间和精力的情况下产生影响的人树立一个很好的榜样。

## 成为一名积极主动的大使和数字倡导者

"专注"技巧将帮助你在个人品牌社区的所有元素上提升你的个人品牌形象，主要集中在你的外部联系上（尽管我们在第二部分中讨论过，你的内部同事也会使用搜索引擎的搜索结果来了解你）。

要真正成为你的内部个人品牌的领导者，并展示你的社交能力，你需要成为你所在的企业的数字品牌大使。你的组织需要你展示出你的数字灵活性。如果你做到了，你就会以一个创新的、善于社交的"超级明星"的身份出现。根据Likeable Media（一家以社交为主的数字营销企业）董事长戴夫·科本（Dave Kerpen）的说法，"我们将逐渐看到'社交企业'的崛起，也许是使用领英与世界分享企业讯息，也许是越来越多的首席执行官使用推特成为首席布道者"。

然而，根据普华永道的说法，首席执行官们认为他们的员工没有数字化能力。76%的首席执行官担心他们的员工队伍中缺乏有数字技能的人才。弥合这一差距至关重要，因为将所有员工都投入数字营销战略的企业将表现得优于竞争对手。在业务的4个核心要素中考虑这些统计数据：

销售

- 在社交方面给予支持的雇主的员工比起没有获得雇主支持的员工更有可能提升销售业绩——前者是72%，后者是48%，该数据来自著名国际整合传播机构万博宣伟（Weber Shandwick）。
- 根据社交媒体品牌化企业BRANDfog的数据，77%的买家更愿意从使用社交媒体的首席执行官的企业购买产品。
- 78%使用社交媒体的销售人员的业绩优于其他同事。

## 市场营销

- 根据领英数据，员工的联系人是其所在的企业的关注者的10倍。

- 79%的企业调查显示，实施正式的员工宣传计划后，企业的网络知名度上升。65%的企业的品牌识别度上升。

- 通过员工社交营销开发的销售对象的转化率是其他销售对象的7倍。

## 人力资源——招聘与留任

- 万博宣伟的研究显示，80%的员工称其更愿意为一个善于社交的首席执行官工作。

- 社会参与型企业的员工留在企业的可能性比其他企业的员工高出20%，对企业未来感到乐观的可能性比其他企业的员工高出27%。

- 98%的员工至少使用一个仅供个人使用的社交媒体网站，其中50%的员工已经在发布关于他们所在的企业的信息。

## 声誉或公共关系

- 与非社交型首席执行官（占38%）相比，社交型首席执行官（占55%）更有可能被视为善于沟通的人。

- 比起各种形式的广告，84%的消费者更看重朋友和家人的推荐。此外，77%的消费者可能会在从他们信任的人那里听到推荐后进行购买。

如果你需要一些动力，这一系列的统计数据应该有助于促使你开展行动。当你承担起数字品牌大使的角色时，你就把自己推到了职位等级之外，向组织中的更多人开放，并与更多人建立联系。你展示了你的忠诚，增加了你对职位之外发生的事情的了解，建立了你的个人品牌知名度，并让你从你的同龄人中脱颖而出。

数十种工具、服务和平台如雨后春笋般涌现，以帮助企业动员员工参与其数字战略。Blue Focus Marketing首席执行官、《社交员工》一书的合著者谢丽尔·伯吉斯（Cheryl Burgess）是这样说的：

"社交员工是首选的新营销渠道。它们是从内部世界到外部世界的桥梁，也是你的'武器库'中最重要的工具。就像章鱼的触手一样，社交员工的'触手'的长度是普通人的8倍——但他们比品牌渠道更值得信任，也更有能力快速、有效地响应客户的需求。"

要成为一名数字品牌管家，首先要确定自己的职责范围：

**个体**（一颗葡萄）。如果你的企业已经有了吸引员工的计划，你就要坚定不移地拥护这个计划。即便没有吸引到员工，你仍然可以产生影响。

**小组**（一串葡萄）。如果你想成为团队或部门的领导者，你需要让其他人参与进来。在证明了你的价值之后，你要构建的内容就可以纳入整个企业计划。

**整个组织**（葡萄园）。如果你想让自己在整个企业声名鹊起，成为某一倡议的带头人会帮助你脱颖而出。如果你从事的是人才开发、市场营销或公关工作，那你非常适合这个品牌计划。

无论情况如何，在承诺成为数字品牌管家后，你应该：

- 在你的职责之外，更多地意识到并参与整个企业正在发生的事情。
- 通过扩大雇主的数字品牌推广行为，展示你对雇主的忠诚。
- 在支持企业品牌的同时，获取可以用来打造你的个人品牌的内容。
- 在"日间工作"之外展示你的技能。

要一步一步走，不要没学会走就开始跑步。换句话说，不要试图同时抢占所有社交媒体平台。

在开始这3种数字管家场景中的任何一种之前，请确认一下你所在的企业的社交媒体政策。别因为传播信息而违反了企业的政策，最终被列入"不可信赖者名单"。

现在，我们将这些场景应用到实际行动中。

## 一颗葡萄：个体

如果你所在的企业有一个数字品牌大使计划，并且正在使用社交媒体宣传与品牌化的专业工具，那么就承诺成为它们最热情的领导者。

要做到这一点，请分享你所在的企业创建的与目标受众相关的内容。

### ✔✘ 可以与不可以

在分享企业的内容和任何会使这些内容更有价值和更个人品牌化的信息时，可以，且请务必添加你的观点。

不可以只是盲目地分享你公司创造的任何内容；在没有添加个人风格的情况下，不要分享。

如果你所在的企业没有吸引员工的官方计划，那就自己来参与。关注你所在的企业的社交媒体平台主页。然后定期检查动态中是否有来自公司的内容。当有与你的目标受众相关的内容时，把它和你的想法一起分享。请记住也要与你的联系人之外的所有相关群组共享它，这将产生更大的影响。

对于你所在的企业的所有媒体账号发布的内容，如果你希望分享，请采用上述方法，记住要尽可能全地添加和你相关的标签。

利用你自己掌握的企业信息来强化你和通讯录中的好友的信息。你可以让你的帖子包含以下内容，并巧用"#（话题符号）"和"@（点名符号）"：

- 很荣幸能在拥有这样的学习氛围的企业工作。今天，我参与了#领导力课程#@某某企业。

- 今天，我所在的企业@某某企业宣布将致力于工作场合多元化，认可工作价值观差异。

- 我们的首席执行官@首席执行官某某在今天的全员会议上发表了与#客户服务#有关的富有洞察力的发言。
- 我所在的企业允许我一周3天在家办公，这大大提升了我的工作效率（我也更幸福了）！谢谢@某某公司#弹性自由#

当你积极地、始终如一地参与企业的沟通时，你就能让自己出现在整个组织的人的视线范围内。

## 一串葡萄：小组

如果你是一个团队的领导者或成员，并且你想要有所建树，领导一个有社交头脑的计划将帮助你让团队中的成员参与进来，并创造一些新的能量和点子。跟之前一样，我的推荐是使用职场社交平台。

一个很好的方法是举办一场友好的团体比赛。如果你是领导者，那么主动举办比赛。如果你不是领导者，那就如此推荐举办比赛的想法：

- 数字化。数字化是未来成功的关键。团队中的每个人都将从学习相关技能中受益。
- 团队知名度。当团队完全投入社交项目时，成员会各自脱颖而出，团队本身也会开始吸引整个组织中的领导者和其他人的积极关注。
- 乐趣。团队竞赛是一种增进团队成员凝聚力的有趣形式，无论职位和职级如何，比赛能让人们跳出日常的待办事项进行思考。

然后，举办你的团队竞赛：

（1）**建立基准**。评估双方团队在数量（完整度）和质量（吸引度）上的收益。

（2）**设定目标**。教会其他人你通过阅读本书已经掌握的概念：

- 建立一个出色的职场社交平台档案。
- 加入群组并扩大你的人脉网络。
- 成为数字品牌大使。

（3）**设定竞赛的基本规则**。

## 葡萄园：整个组织

如果你是一个非常出色的人，想要在你所在的企业中承担一个潜力很大、影响深远的项目，或者你在营销、沟通、人才开发或公关领域工作，并且已经知道这是你的职责中的一个要素，那就主动提出在整个组织范围内制订一个社交媒体计划。很少有企业充分利用社交媒体的潜力，这给那些选择在全企业范围内开发社交媒体项目的企业带来了巨大的优势。以下是7个步骤的开发流程：

（1）**组织队伍**。与大多数企业倡议一样，计划的成败取决于领导它的人。让合适的人参与进来。这些人要有合适的纪律性，以及对项目的高度热情（特别是可以在有影响力的领导人中找这样的人，他们甚至受到职能领域以外的人的尊重），这将对建立一个成功的项目大有裨益。

（2）**建立基准**。了解组织中当前有哪些人有个人资料。评估其个人资料的质量。记录下你所在的企业的社交媒体主页上有多少粉丝。尽你所能地了解当前的情况，这样你就可以衡量你即将进行的变革性工作的影响。

（3）**寻找明星**。你的组织中可能有一些人是职场社交平台的红人，他们经常在这个平台上对话。让他们参与到开发社交媒体项目的过程中来。

（4）**设定目标**。这样你就可以明确自己的目标方向和进度。

**重点思考**

• 是什么让这个项目取得成功？

• 你希望多大比例的员工使用职场社交平台？

• 你希望企业的社交互动方面实现多大的提升？

• 你希望让企业的主页增加多少粉丝？

（5）**从领导者开始**。员工将企业领导者视为榜样。在推出该计划之前，请确保你所在的企业的所有领导者都有优秀的个人资料，并利用职场社交平台与利益相关者保持联系。对于主要领导者，创建一个计分机制，其中包括以下几个方面的衡量标准：

• 个人资料完整度

- 个人资料质量

- 人脉网络和关注者信息

- 活动

打分过程不应该让人感觉到被评判，为了全面实施，你可能需要更个人化的方法。对于任何需要帮助的人，可以分享你所在的企业的社交达人的高分个人资料和案例研究样本。

（6）培养人才。对于我的大多数客户，我发现将人才培养计划分为以下3个阶段，效果最好：

- 个人资料。这个阶段要建立一个完美的职场社交平台档案，它是真实的、有说服力和高质量的。如果你的个人资料不能给观众留下深刻印象，你将很难建立能给你带来帮助的人脉网络。个人资料应该激发他人了解你的兴趣。

- 人。这一阶段与人脉和群组有关。建立你的人脉网络，并了解如何让职场社交平台做你的联系人管理系统。

- 绩效。最后一个阶段会让你把工作做得更好。教员工如何使用职场社交平台展示他们的思想领导力，解决问题，寻找员工，培养他们的人脉，并向客户和合作伙伴敞开大门。

为了让你的计划更具普遍性，请将职场社交平台的使用整合到相关的人才培养计划中，包括入门培训计划、高管培训计划等。对于入职培训，请确保在入职流程中也同样加入职场社交平台的使用，帮助新员工掌握有关职场社交平台的基本知识，包括为什么职场社交平台很重要，以及你的企业在支持员工参与职场社交方面提供的依据。一些员工的上一家所在企业不使用职场社交平台，他们会发现你的方法十分开放——他们会看到将个人品牌推广与你的企业品牌战略结合起来是明智之举。

如果要在企业内使用职场社交平台这样不断发展的工具，为员工准备相关的继续教育至关重要。此类继续教育特别有助于鼓励团队加强参与。

（7）**评估和阐明**。每隔适当的时间（季度间隔特别适合上市公司），看看你在项目开始时设定的目标所涉及的方面取得的进展。

⭐ **小贴士**

采用以下的最佳方法以确保成功：

- **变得有价值**。把这一点融入你的员工目标。当你将计划与绩效联系起来时，员工会看到它对组织有多么重要。

- **变得有趣**。通过举办竞赛，突出引人注目的个人资料，在不同部门之间开始友好竞争，来增加乐趣。

- **融为一体**。把它与其他计划联系起来，比如你的企业内部网站，它的运作方式很可能和职场社交平台很相似。与其将它们视为独立的工具，不如将它们作为相互连接的集成工具来执行多重任务。当员工在你所在企业的内部网站上写个人资料时，让他们以此作为他们职场社交平台中的"关于我"部分的起点。

• **具有连通性**。使用它让员工联系起来。分发企业活动的
参与者列表（特别是在培训课程中）。让他们在手机上
下载职场社交平台，使他们能够实时连接。

### 👩 布兰迪头脑风暴

我已经筋疲力尽了！我致力于增强企业的社交媒体能
力。我们这类人有点像"补鞋匠的孩子"[①]。虽然我们通过社
交媒体帮助客户，但没有让自己的人参与其中。

我将从我的团队开始，开始一个为期6个月的测试版项
目。我将与人力资源部、公关部和IT（Internet technology，互
联网技术）部合作。一旦我获取了数据（我有没有告诉过你，
我喜欢数据），我就会制作一张信息图，解释我们做了什么，
以及我们取得的成果。我会用视频的方式向我的经理推销，
并建议我们在全球范围内承办整个组织的项目。这个项目有
我喜欢的所有东西——创意、挑战、合作——以及如此多的
机会来展示我的个人品牌。我这就准备动手做！

---

① 比喻鞋匠给别人补鞋，却忘了自己的孩子也有需要补的鞋。——译者注

## 本章小结

在这一章中，我分享了很多不同于常规思维的建议。我告诉过你要"借用"别人的东西，要"懒惰"。我希望这些不同寻常的技巧能让你会心一笑，它们会帮助你记住我所分享的策略，并付诸行动。

你让我刮目相看！

读完了这本书，你已经在成为一名善于社交的领导者的道路上迈出了坚实的一步。也许我分享的一些东西让你感到不安，但你坚持读了下来，学习了一系列行动要点以及要采纳的新思维方式和要拥有的习惯。我相信你已经具备了打造一个卓越的个人品牌所需的条件。

# 参考文献

|'''|'''|'''|'''|'''|'''|'''|'''|'''|'''|'''|'''|'''|'''|'''|'''|'''|'''|'''|'''|'''|'''|'''|'''|'''|

## 前言

1. Arruda, W. 2018. "How to Make Your Workplace Ready for Gen Z."*Forbes,* November 13. www.forbes.com/sites/williamarruda/2018/11/13/how-to-make-your-workplace-ready-for-gen-z/#1ee7e5134d30.

2. Arruda, W. 2017. "2017 Personal Branding Trends Part 3: The Rise of the Social Employee." *Forbes,* January 3.

3. Atkinson, J. 2018. Personal communication with author, September.

4. Awan, A. 2017. "The Power of LinkedIn's 500 Million Community."LinkedIn Official Blog, April 24. https://blog.linkedin.com/2017/april/24/the-power-of-linkedins-500-million-community.

5. Bank of America. 2018. "Trends in Consumer Mobility."https://promo. bankofamerica.com/mobilityreport/assets/images/BOA_2018-Trends-in-Consumer-Mobility-Report-FINAL-2.pdf.

6. Burgess, C., and M. Burgess. 2013. *The Social Employee: How Great Companies Make Social Media Work.* New York: McGraw-Hill Education.

7. Burgess, M. 2019. Personal email with author.

8. Burke, D. 2017. "Why Employee Advocacy Can't Wait." LinkedIn Marketing Solutions Blog, March 2. https://business.linkedin.com/marketing-solutions/blog/linkedin-elevate/2017/why-employee-advocacy-cant-wait.

9. Cisco. Nd. "VNI Forecast Highlights Tool." www.cisco.com/c/m/en_us/solutions/service-provider/vni-forecast-highlights.html.

10. Davies, D. 2018. "Meet the 7 Most Popular Search Engines in the World." *Search Engine Journal,* January 7. www.searchenginejournal.com/seo-101/

meet-search-engines/#close.

11. Ellis, S. 2017. "How to Motivate Your Team on Thinking Like Entrepreneurs and not Employees." Hibox, December 1. www.hibox.co/blog/how-to-get-your-team-thinking-like-entrepreneurs-not-employees.

12. Graham, D. 2018. *Switchers: How Smart Professionals Change Careers and Seize Success.* New York: AMACOM.

13. Graham, D. 2018. Personal email with author, September 16.

14. Howington, J. 2018. "Survey Explores Varying Attitudes of Millennials and Older Workers about Key Workplace Issues." Flexjobs,September 17. www.flexjobs.com/blog/post/survey-finds-varying-attitudes-millennials-older-workers-about-key-workplace-issues.

15. Joel, M. 2013. *Ctrl Alt Delete: Reboot Your Business. Reboot Your Life. Your Future Depends on It.* New York: Hachette.

16. Jones, J.M. 2015. "In U.S., Telecommuting for Work Climbs to 37%."Gallup Poll Social Series, August 19. https://news.gallup.com/poll/184649/telecommuting-work-climbs.aspx.

17. Lidsky, D. 2005. "Me Inc.: the Rethink." *Fast Company,* March 1. www.fastcompany.com/55257/me-inc-rethink.

18. Marker, S. 2015. "How Many Jobs Will the Average Person Have in His or Her Lifetime?" LinkedIn, February 22. www.linkedin.com/pulse/how-many-jobs-average-person-have-his-her-lifetime-scott-marker.

19. Mushroom Networks. Nd. "YouTube – The 2nd Largest Search Engine (Infographic)." www.mushroomnetworks.com/infographics/youtube---the-2nd-largest-search-engine-infographic.

20. Palmer, K., and D. Blake. 2018. *The Expertise Economy: How the Smartest Companies Use Learning to Engage, Compete, and Succeed.* Boston: Nicholas Brealey.

21. Peters, T. 1997. "The Brand Called You." *Fast Company,* August 31. www.fastcompany.com/28905/brand-called-you.

22. Previte, J. 2019. "The 2019 Digest of the Most Valuable Company Culture Statistics." BluLeadz, February 11. www.bluleadz.com/blog/annual-digest-of-company-culture-statistics.

23. Reynolds, B. 2018. Personal email with author, November 28.

24. Ryan, C. 2018. "Computer and Internet Use in the United States: 2016." United States Census Bureau, Report Number ACS 39, August 8. www.census.gov/library/publications/2018/acs/acs-39.html.

25. Shove, G. 2013. "Marketing That Money Can't Buy-Getting Employees to Tweet About Work." *Fast Company,* November 22.

26. Tran, K. 2017. "Viewers Find Objectionable Content on YouTube Kids." *Business Insider,* November 7. www.businessinsider.com/ viewers-find-objectionable-content-on-youtube-kids-2017-11?utm_ source=feedly&utm_medium=referral.

27. U.S. Department of Labor. Bureau of Labor Statistics. 2017. "Number of Jobs, Labor Market Experience, and Earnings Growth Among Americans at 50: Results from a Longitudinal Study." News Release, August 24. www.bls.gov/ news.release/pdf/nlsoy.pdf.

28. Weber, B. 2013. "By the Year 2020, Almost Half of the Workforce Will Be Made Up of These People." Upworthy, September 9. www .upworthy.com/ by-the-year-2020-almost-half-of-the-workforce-will-be-made-up-of-these-people-5.

29. Workplace Trends. 2018. "The Work Connectivity Study." News Release, November 13. https://workplacetrends.com/the-work-connectivity-study.

## 第一章　发掘你的个人品牌

1. Branson, R. 2018. "Discovering Original." Richard Branson's Blog, April 9. www.virgin.com/richard-branson/discovering-original.

2. Cain, S. 2019. Podcast Interview, Happier with Gretchen Rubin, February.

3. Olivet Nazarene University. 2018. "Study Explores Professional Mentor-Mentee Relationships in 2019." June. https://online.olivet.edu/research-statistics-on-professional-mentors.

## 第三章　你的个人品牌故事

1. Solomon, L. 2015. "The Top Complaints From Employees About Their Leaders." *Harvard Business Review,* June 24. https://hbr.org/2015/06/the-top-complaints-from-employees-about-their-leaders.

2. Tawakol, O. 2018. "I'm a CEO and the Most Underrated Business Skill Is One Most People Are Terrible At." *Business Insider,* August 16. www. businessinsider.com/communication-business-skill-2018-5.

3. Tschabitscher, H. 2019. "The Number of Emails Sent Per Day in 2019 (and 20+Other Email Facts)." Lifewire, January 3. www.lifewire.com/how-many-emails-are-sent-every-day-1171210.

## 第四章　理解数字优先现象

1. Arruda, W. 2007. *Career Distinction: Stand Out by Building Your Brand.* Hoboken, NJ: Wiley.

2. Fontein, D. 2016. "The Ultimate List of LinkedIn Statistics That Matter to Your Business." Hootsuite Blog, November 22. https://blog.hootsuite.com/linkedin-statistics-business.

3. Haedrich, M. 1972. *Coco Chanel: Her Life, Her Secrets.* Boston: Little, Brown.

4. Gallant, J. 2019. "48 Eye-Opening LinkedIn Statistics for B2B Marketers in 2019." Foundation, January 1. https://foundationinc.co/lab/b2b-marketing-linkedin-stats.

5. Joel, M. 2013. *Ctrl Alt Delete: Reboot Your Business. Reboot Your Life. Your Future Depends on It.* New York: Hachette.

6. LinkedIn. Nd. "A Brief History of LinkedIn." https://ourstory.linkedin.com.

7. Omnicore. 2019. "LinkedIn by the Numbers: Stats, Demographics & Fun Facts. Blog, January 6. www.omnicoreagency.com/linkedin-statistics.

8. ROI Research. Nd. "About Us." https://researchoninvestment.com/company/about-us/.

9. Sanders, T. 2005. *The Likeability Factor: How to Boost Your L-Factor and Achieve Your Life's Dreams.* New York: Crown.

10. Yuan, L. 2018. "A Generation Grows Up in China Without Google, Facebook or Twitter." *New York Times,* August 6. www.nytimes.com/2018/08/06/technology/china-generation-blocked-internet.html.

## 第五章　领英是第一印象

1. Ye, L. 2015. "27 Tweetable Quotes From Sales Rockstars Going to #INBOUND 15" (Jill Rowley). Hubspot, August 18. https://blog.hubspot.com/sales/tweetable-quotes-from-sales-rockstars-going-to-inbound15.

## 第六章　创建优秀的职场社交平台档案

1. Grandey, A.A., G.M. Fisk, A.S. Mattila, K.J. Jansen, and L.A. Sideman. 2005. "Is 'Service with a Smile' Enough? Authenticity of Positive Displays During Service Encounters." *Organizational Behavior and Human Decision Processes* 96:38-55.

2. Patel, S. 2017. "How Your Brand Can Capitalize on LinkedIn's New 'Lead Gen' Opportunities." *Entrepreneur,* June 19. www.entrepreneur.com/article/294649.

3. Savitz, E. 2011. "The Untapped Power of Smiling." *Forbes,* March 22.
4. TED. 2011. "Ron Gutman: The Hidden Power of Smiling." TED2011, March. www.ted.com/talks/ron_gutman_the_hidden_power_of_smiling?language=en.
5. Turner, M.L. 2017. "8 Ways to Get More LinkedIn Profile Views." Forbes, February 28.

## 第七章　运用图像的力量

1. Arruda, W. 2018. "The Best LinkedIn Headshots and How to Create Yours." *Forbes,* September 5. www.forbes.com/sites/williamarruda/2018/09/05/the-best-linkedin-headshots-and-how-to-create-yours/#74bf6eb36d2f.
2. Callahan, S. 2018. "Picture Perfect: Make a Great First Impression with Your LinkedIn Profile Photo." LinkedIn Sales Blog, December 28. https://business.linkedin.com/en-uk/marketing-solutions/blog/posts/content-marketing/2017/17-steps-to-a-better-LinkedIn-profile-in-2017.
3. Cournoyer, B. 2012. "21 Quotes on Why Video Marketing ROCKS." Brainshark.com, April 2. www.brainshark.com/ideas-blog/2012/April/21-quotes-on-video-marketing.
4. Demand Gen Report. 2014. "The Power of Visual Content [Infographic]." September 17. www.demandgenreport.com/industry-topics/rich-media/2906-the-power-of-visual-content-infographic.
5. Hubspot. 2018. "The Ultimate List of Marketing Statistics for 2018." www.hubspot.com/marketing-statistics. Instagram. Nd. "Instagram Business." https://business.instagram.com.
6. JDP. 2018. "Tips for Job Seekers." JDP Blog, August 7. www.jdp.com/blog/2018/08/07/linkedin-photos-research.
7. Jones, C. 2017. "Should You Smile on Your LinkedIn Profile?" Quora, May 26. www.quora.com/Should-you-smile-on-your-LinkedIn-profile.
8. Medina, J. 2014. *Brain Rules: 12 Principles for Surviving and Thriving at Work, Home, and School.* Seattle: Pear Press.
9. Nielsen, J. 2010. "Photos as Web Content." November 1. www.nngroup.com/articles/photos-as-web-content.
10. Levie, W.H., and R. Lentz. 1982. "Effects of Text Illustrations: A Review of Research." *Educational Communication and Technology: A Journal of Theory, Research, and Development,* 30(4): 195-232.
11. Patrick, W. 2017. "Why You Should Smile in Your Online Photo." *Psychology Today,* November 1. www.psychologytoday.com/us/blog/why-bad-looks-

good/201711/why-you-should-smile-in-your-online-photo.

## 第八章 建立你的个人品牌识别系统

1. "216 Web Safe Colors List." https://websafecolors.info/color-chart.
2. Alter, A. 2013. *Drunk Tank Pink: And Other Unexpected Forces That Shape How We Think, Feel, and Behave.* New York: Penguin.
3. Arruda, William. 2009. "Personal Branding Guru, William Arruda." Video, May 5. www.youtube.com/watch?v=6paItEm2AF4.
4. Chris. 2012. "The 'Ritual of Unpacking' Your Brand." Riley Life Blog, November 12. www.rileylife.com/blog/the-ritual-of-unpacking-your-brand.
5. Easy Calculation.com. Nd. "Pantone to Hex Converter." www.easycalculation.com/colorconverter/pantone-to-hex.php.
6. Edison Research. 2018. "The Podcast Consumer 2018." www.slideshare.net/webby2001/the-podcast-consumer-2018.
7. Fishman, E. 2016. "How Long Should Your Next Video Be?" Wistia.com, July 5. wistia.com/learn/marketing/optimal-video-length.
8. Hubspot. 2018. "The Ultimate List of Marketing Statistics for 2018." www.hubspot.com/marketing-statistics.
9. Moo.com. 2018. "What Fonts Reveal About You: Type Tasting." Interviews, May 8.
10. "Pantone Colours." www.pantone-colours.com.

## 第九章 巧用视频

1. American Psychological Association. 2006. "Multitasking: Switching Costs." www.apa.org/research/action/multitask.
2. An, M. 2018. "The Future of Content Marketing: How People Are Changing the Way They Read, Interact, and Engage With Content." Hubspot Research. https://blog.hubspot.com/news-trends/the-future-of-content-marketing?_ga=2.200265006.1820862119.1553695687-2066569307.1549998052.
3. Ayres, M., and J. Wellin. 2017. "How to Use Wistia: A Step-by-Step Guide." Hubspot Blog, March 14. https://blog.hubspot.com/marketing/how-to-use-wistia.
4. Bowman, M. 2017. "Video Marketing: The Future of Content Marketing." *Forbes,* February 3.
5. Bunting, J. 2018. "Ready to Get Started With Video Ads on LinkedIn? Here Are 9 Things You Need to Know." LinkedIn Sales and Marketing Solutions

EMEA Blog, June 7. https://business.linkedin.com/en-uk/marketing-solutions/blog/posts/B2B-video/2018/Ready-to-get-started-with-video-ads-on-LinkedIn-Here-are-9-things-you-need-to-know.

6. Business Insider Intelligence. 2017. "Video Will Account for an Overwhelming
7. Majority of Internet Traffic by 2021." *Business Insider,* June 12.
8. Cisco. 2019. "Cisco Visual Networking Index: Forecast and Trends 2017-2022." Whitepaper. www.cisco.com/c/en/us/solutions/collateral/serviceprovider/visual-networking-index-vni/white-paper-c11-741490.html.
9. Content Marketing Institute. 2016. "B2B Content Marketing: 2016 Benchmarks, Budgets, and Trends—North America." https://contentmarketinginstitute.com/wp-content/uploads/2015/09/2016_B2B_Report_Final.pdf.
10. Doeing, D. 2019. "58 Powerful Video Marketing Statistics for 2019." https://learn.g2crowd.com/video-marketing-statistics.
11. Gupta, S. 2016. "Your Brain on Multitasking." CNN Health, August 1. www.cnn.com/2015/04/09/health/your-brain-multitasking/index.html.
12. Heine, C. 2017. "In Four Years, YouTube Has Gone From a Million Hours of Video Viewed to a Billion." *Adweek,* February 27. www.adweek.com/digital/in-4-years-youtube-has-gone-from-100-million-hours-of-video-viewed-a-day-to-1-billion.
13. Hubspot. 2018. "The Ultimate List of Marketing Statistics for 2018." www.hubspot.com/marketing-statistics.
14. Just, M.A., T.A. Keller, and J. Cynkar. 2008. "A Decrease in Brain Activation with Driving When Listening to Someone Speak." *Brain Research,* 1205, April 18, 70-80. https://www.ncbi.nlm.nih.gov/pmc/articles/PMC2713933/.
15. Mansfield, M. 2019. "27 Video Marketing Statistics That Will Have You Hitting the Record Button." *Small Business Trends,* January 16. https://smallbiztrends.com/2016/10/video-marketing-statistics.html.
16. McQuivey, J. 2008. "How Video Will Take Over the World." *Forrester Report,* June 17. https://www.forrester.com/report/How+Video+Will+Take+Over+The+World/-/E-RES44199#.
17. Patel, S. 2016. "85 Percent of Facebook Video Is Watched Without Sound." Digiday, May 17. https://digiday.com/media/silent-worldfacebook-video/.
18. Polycom. 2017. "Global Survey of 24,000+ Workers Unearths the 'Need' for Flexibility in Order for Businesses to Thrive." Press Release, March 20. https://www.polycom.com/company/news/pressreleases/2017/20170321.html.

19. Sharp, E. 2014. "The First Page of Google's Search Results Is the Holy Grail for Marketers." Protofuse Blog, April 30. https://www.protofuse. com/blog/details/first-page-of-google-by-the-numbers/.

20. Stafford, L. 2017. "How to Incorporate Video into Your Social Media Strategy." *Forbes,* July 13. https://www.forbes.com/sites/yec/2017/07/13/how-to-incorporate-video-into-your-social-mediastrategy/#40e6d07f7f2e.

## 第十章　评估你的人脉

1. Baer. D. 2013. "Why You Need a Diverse Network." *Fast Company,* August 13. https://www.fastcompany.com/3015552/why-you-need-adiverse-network.

2. Basler, R. ed. 1953. *The Collected Works of Abraham Lincoln.* 9 vols. New Brunswick, New Jersey: Rutgers University Press.

3. Epstein. D.M. 2009. *The Lincolns: Portrait of a Marriage.* New York: Ballantine Books.

4. Fang, Y., B. Francis, and I. Hasan. 2018. "Differences Make a Difference: Diversity in Social Learning and Value Creation." *Journal of Corporate Finance,* 48, February, 474-91. https://www.sciencedirect.com/science/ article/pii/S0929119917306557.

5. Krawcheck, S. 2013. "My (New) Third Very Simple Rule of Networking." LinkedIn, August 5. https://www.linkedin.com/pulse/20130805103249-174077701-my-new-third-very-simple-ruleof-networking/.

6. Misner, I. 2004. "The Importance of Diversity in Networking." *Entrepreneur,* January 26. https://www.entrepreneur.com/article/68840.

7. Simmons, M. 2015. "The No. 1 Predictor of Career Success According to Network Science." *Forbes,* January 15. https://www.forbes.com/sites/ michaelsimmons/2015/01/15/this-is-the-1-predictor-of-careersuccess-according-to-network-science/#64388d06e829.

## 第十一章　培养并动员你的人脉

1. Arruda, W. 2017. "2017 Personal Branding Trends Part 3: The Rise of the Social Employee." *Forbes,* January 3. https://www.forbes.com/sites/ williamarruda/2017/01/03/2017-personal-branding-trends-2017-part-3-the-rise-of-the-social-employee/#2b7007d784b8.

2. Bagadiya, J. 2019. "217 Social Media Marketing Statistics to Prep You for 2019." *Social Pilot,* January 3. https://www.socialpilot.co/blog/socialmedia-statistics.

3. Herrington, D. 2013. "10 Super Health Benefits of Strawberries." Care2 Healthy Living, July 24. https://www.care2.com/greenliving/10-super-health-benefits-of-strawberries.html.

4. Liedke, L. 2019. "100+ Internet Statistics and Facts for 2019." March 26. https://www.websitehostingrating.com/internet-statistics-facts/.

5. Marse, A. 2013. "9 Things You Can Learn About Copywriting From David Ogilvy." *Social Media Today,* May 12. https://www.socialmediatoday.com/content/9-things-you-can-learn-aboutcopywriting-david-ogilvy.

6. Stevens, J. 2018. "Internet Stats & Facts for 2019." Hosting Facts, December 17. https://hostingfacts.com/internet-facts-stats/.

## 第十二章　成为领航人

1. "Under the Influence: Consumer Trust in Advertising." 2013. Nielsen Newswire, September 17. https://www.nielsen.com/us/en/insights/news/2013/under-the-influence-consumer-trust-in-advertising.html.

2. Arruda, W. 2017. "2017 Personal Branding Trends Part 3: The Rise of the Social Employee." *Forbes,* January 3.

3. Brudner, E. 2015. "15 Social Selling Stats That Will Inspire You to Take Action." Hubspot, May 6; updated July 28, 2017.

4. Burgess, C., and M. Burgess. 2013. *The Social Employee: How Great Companies Make Social Media Work.* New York: McGraw-Hill Education.

5. eMarketer. 2012. "CEOs Who Tweet Held in High Regard." March 27. https://www.emarketer.com/Article/CEOs-Who-Tweet-Held-in-High-Regard/1008929.

6. Find and Convert. 2017. "Social Networking Tools for B2B Social Media Platforms." http://www.findandconvert.com/b2b-digital-marketingservices/marketing/technology/social-selling-tools.

7. Gallant, J. 2019. "48 Eye-Opening LinkedIn Statistics for B2B Marketers in 2019." Foundation, January 1. https://foundationinc.co/lab/b2b-marketing-linkedin-stats/.

8. Hinge Research Institute. Understanding Employee Advocacy on Social Media. https://hingemarketing.com/uploads/hinge-researchemployee-advocacy.pdf.

9. ING. 2014. "2014 Study Impact of Social Media on News: More Crowd-Checking, Less Fact-Checking." https://www.ing.com/Newsroom/All-news/NW/2014-Study-impact-of-Social-Media-on-Newsmore-crowdchecking-less-factchecking.htm.

10. Marketing Advisory Network, The. 2017. *2017: Employee Advocacy Impact Study.* https://marketingadvisorynetwork.com/2017/07/17/2017-employee-advocacy-impact-study/.

11. PricewaterhouseCoopers. 2018. *PwC's 21st Survey: Talent.* https://www.pwc.com/gx/en/ceo-survey/2018/deep-dives/pwc-ceo-survey-talent.pdf.

12. Reply. "101 Social Selling Stats You Need to Know." https://reply.io/101-social-selling-stats.

13. Roth, D. 2015. "Why Vocal Employees Are a Company's Best PR." *Fast Company,* March 25. https://www.fastcompany.com/3044156/why-vocal-employees-are-a-companys-best-pr.

14. Solis, B. 2014. "Relationship Economics: How Social Is Transforming the World of Work." LinkedIn, July 10. https://www.linkedin.com/pulse/20140710161411-2293140-relationship-economics-howsocial-is-transforming-the-world-of-work-infographic/.

15. Weber Shandwick. "Employee Activists Spark Movement in Digital Age." http://webershandwick.com.au/employee-activists-spark-anew-social-movement-in-the-digital-age/.

# 后记

你的个人品牌已经正式步入数字化的行列，你有潜力获得巨大的成功。

而充实的职业生涯也随之而来。当你掌握了数字个人品牌的密码，你就会置身于虚拟世界。这将帮助你建立一个由热情的粉丝和推广者组成的社区，他们可以帮助你实现你的目标。作为自封的"首席鼓励官"，我提供了最后的一些建议，以强化穿插于本书中的关键主题：

- **要有价值**。当你的努力建立在支持他人的基础上时，你会产生强大而积极的影响。
- **参与进来**。强势个人品牌不会孤军奋战。要积极地加入有关联的社区。
- **要始终如一**。强势个人品牌是以某些东西闻名，而不是以所有东西闻名。明确这一点并与你要传达的信息保持一致。
- **坚持不懈**。你不需要成为一台数字个人品牌机器，只要承诺定期采取行动就行了。但强势个人品牌是不会藏在幕后无动于衷的。

- **做一个终身学习者**。网络世界的一切都在迅速发展。随时了解正在发生的事情，展示你在数字方面的强大实力。

最重要的是，**做你**自己。真实性在现实世界和虚拟世界中都大有用武之地。鼓起勇气做你自己——最好的自己——然后你的事业就会飞黄腾达。